「考える力」を育てるために SAPIX《サピックス》が大切にしていること

最難関校合格者数全国No.1進学塾の教育理念

SAPIX YOZEMI GROUP 共同代表
髙宮敏郎

SOGO HOREI PUBLISHING CO., LTD

はじめに

「受験」と聞くと、どのようなイメージが湧きますか？

多くの辞書には、「試験を受けること」とありますので、多くの人にとって避けては通れないものですね。用例として「―勉強に憂き身をやつす」（身が痩せ細るほど受験勉強に熱中する）や「―地獄」を挙げている『新明解国語辞典』（三省堂）のように、編纂《さん》者の思いが伝わってくる辞書もあります。「入学試験」「受験生」「合格／不合格」など受験にまつわる言葉は全て春の季語と知ると、いかに日本の文化に溶け込んでいるかを再認識させられます。

身近な風物詩なのに、否定的に捉えられることもある「受験」。しかし、そこから得られるものは多いのではないでしょうか？

また、中学、高校、そして大学受験によっても見えてくる世界は違ってくるのかもしれません。私自身は中学受験を経て慶應義塾の教育一貫校に入学し、内部進学で高校、大学と進みました。金融機関に3年間務めてから代々木ゼミナール（代ゼミ）に入職しましたが、当時、大学受験を経験していない職員は少なく、肩身の狭い思いをしました。その後、留学し、大学経営学を通じて米国の入学者選抜についてて学び、さらに、SAPIX（サピックス）と同じグループになったことで、視野が広がりました。小学校受験対策で定評のある「こぐま会」様とのコラボレーション、海外の中等教育機関や大学への進学サポートなど新しいサービスの展開によって、「受験」の景色はますます多彩になってきています。

多様な選択肢の中からベストな教育をどうやって選ぶのか？

残念ながら、教育には明確な「答え」がありません。なぜ、正解がないのか。その理由は、第1章でお話しています。

一方、全国の名門校の校長先生や教員、大学の執行部や研究者、海外の教育関係者の皆様との対話の中から「考える力」の重要性は、共通項として浮き彫りになってきました。

そこで第2章以降では、長年教育に携われてきた有識者と「考える力」について対談しました。

お力を貸していただいたのは、東京大学総長として大学改革の陣頭指揮を執られた東京大学名誉教授の濱田純一先生、学歴について正面から研究されている早稲田大学教授の濱中純子先生、駐米大使などの要職を歴任された後、現在は北鎌倉女子学園理事長を務めておられる藤崎一郎先生、同学園の学園長でかつては開成中学校・高等学校の校長を務めておられた柳沢幸雄先生の4名です。

もちろん、対談の中で示されている意見や結論が、全てのお子さまやご家庭に共通する、唯一の「正解」であると申し上げるつもりはありません。教育や「考える力」についての答えは、本書をお読みいただく皆さん一人ひとりが、それぞれに見い出していただければと思います。

しかしながら、子どもたちがこれからの時代を生き抜いていくうえで、具体的にどのような力を身につけていくべきなのか。個々の答えにたどり着く導線のようなものはお示しできたと考えています。

子どもたちの「考える力」を伸ばすことは、未来の可能性を無限に広げることにつながります。「考える力」を育てるために、お子さまとの対話を通じてしっかりと向き合い、一人ひとりに適した具体的な答えを模索してください。

本書が、教育や子育て、あるいは生きていくことのヒントになりましたら、著者としてこれ以上の幸せはありません。

髙宮敏郎

もくじ

第3章 学歴との関係から見た「考える力」
～濱中淳子先生との対談を通じて～

第4章　未来を生き抜くための「考える力」
～藤崎一郎先生との対談を通じて～

第5章　これからの時代に求められる「考える力」
～柳沢幸雄先生との対談を通じて～

装丁：木村勉
本文デザイン＆ＤＴＰ：横内俊彦
校正：髙橋宏昌
編集協力：黒太康氏
細谷知司
須貝誠

第1章

教育はサイエンスであり、アートである

1 今ある学校をより良くしたい

教育には二つの面がある

「教育はサイエンスであり、アートである」とは、弊グループの企業説明会や内定者研修の場でよく使うフレーズです。

サイエンスとは、端的に言えば〝再現性〟があること。サイエンスには、「こうだから、こうなる」という明確な因果関係があり、同じ条件下では、おのずと同じ結果が出るという再現性があります。

少し前になりますが、新しい万能細胞を作製したとして、注目を集めた日本人研究者がいました。しかし、彼女の発表した作製方法では、どの研究者もその万能細胞を再現することはできませんでした。結果として、この研究は幻に終わりました。同じ条件で、同様の現象が起きないものは「サイエンス」とは呼べません。

しかし、教育にはサイエンスとしての一面があります。

「こういう指導をすれば、こういう生徒が育つ」「この時期の模試でこのぐらいの点数を取れていれば、この学校に合格できる可能性は何％」というように、同じ条件を作れば、ある程度同じ結果になるという部分があります。

例えば、１９８２年から、42年連続で全国一の東京大学合格者数を誇る開成中学校・高等学校には、運動会やボートレースの応援といった、先輩と後輩の上下関係がしっかりとたたき込まれる学校行事があります。そのためか、開成のＯＢは大きな組織でリーダーシップを発揮する人材が多いといわれています。

同様に、灘《なだ》中学校・高等学校で生徒会長を務めた人物には、県知事や市長など、首長の座を務める人が多いという事実もあります。神奈川県知事の黒岩祐治氏や、兵庫県芦屋市長選に26歳で当選した髙島崚輔《しゅんすけ》氏などがそうです。

両校の教育プログラムには、ある種の「再現性」があると、私は思うのです。

もちろん、例外はあります。麻布中学校・高等学校のように個性的な生徒が多い学校にも素直な子はいますし、先ほどの開成にも、体育会系のノリが苦手な子はいます。一つの集団として大まかな傾向は認められるものの、全ての生徒をその枠にカテゴライズできるわけではありません。

そういう意味で、**教育はサイエンス的な側面がありながら、それだけでは説明できないアートな部分——一人ひとりのユニークさ——もある。**「そこに教育の肝があるのではないか」と感じたことが、この本を著すに至った出発点です。

アメリカ留学でＩＴと出合うも……

私自身は、１９７４年生まれの団塊ジュニア世代です。

中学受験を経て、慶應義塾普通部に入学し、慶應義塾大学まで内部進学しました。大学卒業後は、三菱信託銀行（現・三菱ＵＦＪ信託銀行）に入社した後、２０００年に代々木ゼミナールに入職。同年９月にペンシルベニア大学へ留学しました。

留学したころは、インターネットバブル全盛期でした。

そこで衝撃を受けたのは、マサチューセッツ工科大学（ＭＩＴ）メディアラボ創設者である、ニコラス・ネグロポンテの言説です。

彼は、『ビーイング・デジタル―ビットの時代』（アスキー）という本の中で、〝from atoms to bits〟（物理的制約からの解放）という未来を予測しました。つまり、「これから物事がデジタル化することによって、人々は物理的な制約から解き放たれていくのではないか」と予見していたのです。
その一方で、当時は〝bricks-and-clicks〟(実店舗＋オンラインのハイブリッド)という考えが流行していました。物理的な制約がなくなるとしても、やはり従来の対面式のやり方は残っていくだろうといわれていました。

2004年ごろ、私が教育学の博士論文を書いているときに、指導教授に「ハーバード大学に、面白いことをやっている学生がいるから会ってきたら」とすすめられました。その学生がFacebook創業当初のマーク・ザッカーバーグだったことは後になって分かりましたが、正直なところ、当時の私は、彼の取り組みについてあまりピンときていなかったので会いに行きませんでした。
もし、あのとき出会っていれば、今頃Metaジャパンの責任者になっていたかもしれないぞ、なんてことを考えたりもします(笑)。

その当時から、この国が少子化になることは分かっていました。ITの視点から何かアイデアが出せないかとずっと考えていたのですが、結果的には見つけられずに、今に至っています。

一朝一夕には築けない学校の伝統と実績

留学中、もう一つ、大学経営学の授業で興味深かったのは、教育機関のランキングは、そう簡単に変わるものではないという教授の話です。

教授が言うには、この100年の間に、大学ランキングの算出手法はさまざまな変遷を経ていますが、ハーバードやイエールといったトップ大学の序列は、昔も今も変わっていないそうです。例外はスタンフォード大学とニューヨーク大学くらいで、その他の顔ぶれはほぼ変わっていないとのことでした。

この点については、日本の大学や私立中学・高校でも同じことが言えます。

40〜50年前と比べると、上智大学と国際基督《キリスト》教大学は、ぐんとランクアップしましたが、東京大学、京都大学をはじめとするトップ層に大きな変動はありません。

また、私立中学・高校では、この十数年で西大和学園、渋谷教育学園幕張、渋谷教育学園渋谷などが躍進を見せていますが、それも非常に限られた例であると言ってよいでしょう。

これは先代からの教えでもありますが、弊グループに「一条校」（学校教育法第一条に定められた小学校、中学校、高等学校、大学など）を運営する考えはありません。その理由は二つです。

一つは、先に申し上げたように、伝統と実績のある学校のランキングを新興校がひっくり返すことは非常に難しいということです。また、その学校の特色や文化が、長い年月をかけてじっくり醸成されてきたことを考えると、「良い学校」を急ごしらえしようとすること自体、おこがましいことだと考えているからです。

もう一つは、塾・予備校の立場で学校をつくると、公平性・中立性を失ってしまうからです。自分が学校を運営していると、そこに塾生を送りたくなるのが人情というものです。そうなると、「生徒の希望進路を実現する」という本来の目的を見失いかねません。あくまで予備校・進学塾というスタンスを守りながら、できることを探るべきで、学校運営は軽々しく立ち入ってはいけない領域だと考えています。

新しい学校をつくるよりも、今ある学校のお手伝いをすること。あるいは、今ある学校に子どもたちをマッチングさせることに力を入れたい。

これは、弊グループの哲学と言えるでしょう。

「校風や伝統はそう簡単に醸成できるものではない」とは、裏を返せば、校風や伝統を抜きにして、その学校を語ることはできないということです。

学校の校風や伝統というものは、一朝一夕でつくれるものではないからこそ、「そこをもっと大切にしたほうがいいのではないか」というのが、この本のメッセージの一つです。

2 少子化時代に学校はどう在るべきか

少子化に拍車をかけたコロナ禍

先ほど、私は団塊ジュニアであると述べました。私と同じ年に200万人以上の子どもが生まれていたのです。

今でも記憶に残っているのは、1997年に出版された『少子化時代の日本経済』（大淵寛／著　日本放送出版協会／刊）という本。当時、勤務先の近くの公園で、昼休みによく読んでいました。少なくともこの時点で、ゆくゆくは日本が少子化になるという未来を、当時の大人であれば皆が分かっていたのです。

【図1】出生数の減少（1974〜2022年）

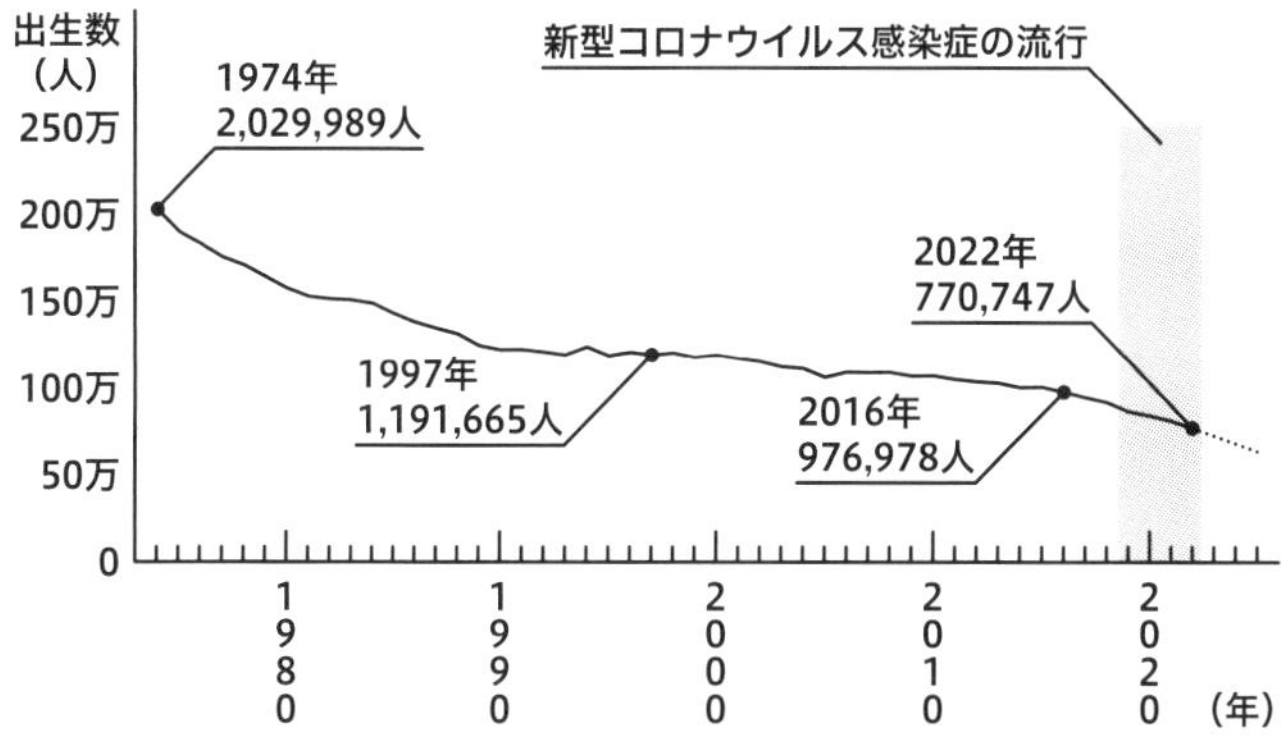

出典：令和４年（2022）人口動態統計月報年計（概数）の状況（厚生労働省）

残念ながら、新型コロナウイルス感染症の流行が引き金となり、政府予測よりもさらに早く少子化が進み、２０２２年の出生数は80万人を下回りました。長らく１００万人台で、その後はゆっくりと下がっていましたが、ここでストンと下がってしまいました。今の小学１年生（２０１６年生まれ）が１００万人を初めて割った世代です。そこから６年で、２割減少。本当に厳しい時代になったと感じます（図１）。

新型コロナ感染拡大の影響によって出生数が下がった大きな要因は、結婚件数の減少（２０２０〜２０２２年の間に、約16

万600件減少。東京財団政策研究所の調査）です。

新型コロナ感染者数が下火になったとはいえ、そう簡単に結婚件数が元に戻る話ではないでしょう。しかしながら、出生数の増加には、結婚件数がこれまでの水準に戻るかどうかが大きなポイントだと思います。

しかし、現在最も人口の多い世代は50代なので、子どもの数を増やすのはなかなか難しいでしょう。この状況を鑑みても、この2、3年で結婚件数が減ったという事態をもっと重く受け止めなければなりません。

都市部でも地方でも減り続ける学校

少子化を実感していただくために、クイズを出題します。全国の鉄道の駅数に一番近いのは、次のうちどれでしょうか。

❶小学校（約2万校）

❷中学校（約1万校）
❸高等学校（約5000校）

鉄道の駅は、約9055駅（同一住所の駅を一駅とカウントした場合。2023年3月時点）。つまり、答えは「**❷中学校**」です。

地域によって一駅間の距離は違いますが、駅数と同じくらいの学校数があるということは、押しなべていうと、中学校は一駅に一校あるということです。

さて、次の問題です。小学校は、この20年間でどれだけ減ったでしょうか。

❶約50校
❷約500校
❸約5000校

これはなかなか難しい問題です。50校では少なすぎるし、5000校はさすがに多すぎる気がします。間を取って「500校かな」と考えたくなりますよね。

しかし、正解は「❸約5000校」なのです。

小学校はこの20年間で約5000校、1年で約250校ずつなくなっています。20年前に比べると、約2割減です。これは、**地方に限った話ではなく、都市部でも学校の数は減り続けている**のです。

さらに、中学校も高校も約1割ずつ減っています。

先ほどの理屈で言うと、子どもは減る一方です。通学には移動距離という物理的制約がある。中学生なら、やはり一駅分ぐらいが限界です。そうしたことを考えると、このまま子どもの数が減っていくと、今の学校の体系が維持できるのかという疑問が湧いてきます。

この問題に対する方策は三つ考えられます。

❶コンパクトシティ化
❷教員の増員
❸ITによる教育サービスの補完

これらの方策には、政治的な要素が大きく絡んできます。

まず❶についてです。

コンパクトシティ化とは、都市部に行政、教育、医療、交通のサービスを集約させて、都市機能の効率化を目指すアイデアです。仮にコンパクトシティ化を採用するとしたら、過疎の地域の子どもたちを都心部に移動させるという話になるでしょう。そうなると、都道府県庁のある一区選出の議員はまだしも、一区以外の選出の議員たちは絶対にこれには承服できません。なぜなら、将来の有権者である子どもたちを手放さなければいけなくなるからです。

次に、❷の教員の増員についてです。

どんなに子どもの数が少なくても、子どもがいる限り、そこには教員をきちんと置こうという考え方があります。しかし、現時点ですでに教員が不足しているうえ、財政問題も山積みなのに、さらにお金を割けるのか?ということになります。

そうすると、消去法として❸「ITによる教育サービスの補完」するしかないという結論になるのです。

教育の無人化はできない

ところで、全国に郵便局がどれくらいあるかご存じでしょうか。その数は約2万4000局（2023年5月時点）。小学校よりも多いのです。

さすがにこの数字は多すぎるのではないか。そこで調べてみると、日本郵政の増田寛也社長自身も、2040年ごろをめどに「整理が必要になる」という見解を出しています。人口および郵便物が減る中でも、郵便局は全国一律の「ユニバーサル[※1]

※1 年齢や性別、障がい、所得、地域などに関係なく、誰もが等しく受けられる公共的なサービスのこと。電力、ガス、水道、保健医療、放送などもその一つ

サービス」を提供しなければなりません。地方に行けば行くほど、代替手段がありませんから、その〝整理〟は困難を極めることでしょう。

この「全国一律」の問題は、教育にも当てはまります。全国一律で提供できるよう制度設計されてきた学校教育が、教員不足や財政難の理由から、その存続が難しくなっています。等しく与えられるべきユニバーサルサービスであるにもかかわらず、今のままでは立ち行かないというわけです。

さて、もう一つクイズです。全国の駅のうち、「無人駅」の占める割合はどれくらいでしょうか。

❶約３割
❷約５割
❸約７割

正解は「**❷約5割**」。これは地域によって非常に差が大きく、高知県では9割、北海道でも7割以上が無人駅です。

実は、東京にも無人駅は多く存在します。なぜかといえば、新交通ゆりかもめや都営日暮里・舎人ライナーがあるからです。ここで採用されている新交通システムでは、無人で自動運転を行うだけでなく、駅にも駅員を配置しない方針を採っています。

同じ無人駅でも、人やお金が足りないからという理由で無人にせざるを得ない駅と、最新システムを導入しているから人員が不要な駅とがあります。

将来的に、駅は、新しいIT技術によって、無人駅となるのが主流になっていくことでしょう。ただ、これに対しては、障害者団体などから「緊急事態に対処できるのか」という意見が出され、その是非がさかんに議論されています。

では、「学校も人手不足なので、今後は無人化でいきます」と言われたら、どうでしょうか？　皆さんのほとんどが「それは違う」と感じるのではないでしょうか。

ＡＩに先生は務まらない

映画『トップガン　マーヴェリック』（２０２２年公開）を観ていて、ドキッとしたシーンがありました。

マッハ10の戦闘機を開発するために、トム・クルーズ演じるマーヴェリックがテストパイロットを務めています。ところが、突然このテストは中止され、上官がこう言うのです。「君がテスト飛行している航空機は、パイロットを必要としなくなる。寝て、食って、ションベンするパイロットをね。命令違反するやつもいらない。結果は見えている。君らパイロットは絶滅するんだ」と。それに対し、マーヴェリックは「だとしても、今日じゃない」とやり返します。

すでにドローン兵器が実戦に投入されており、このシーンを観たときに、「パイロットの絶滅が現実になるのも、そう遠くはないかもしれない」と感じました。

しかし、教育は別です。

いくら人員や予算の問題があったとしても、教育を全てＩＴによって無人化することは不可能です。

ましてや、**ＡＩは先生の代わりにはなり得ない**と思います。

その大きな理由は、学びの基本は人間対人間の対話にあると考えているからです。
２５００年前にさかのぼれば、古代ギリシャの哲学者プラトンは、師であるソクラテスと対話を繰り広げることによって思索を深めました。
また、コロナ禍の休校期間中、オンラインで授業配信を行ってきた私立中学・高校の先生方は、一様に「対面授業に勝るものはできなかった」と振り返っています。
そもそも生徒の顔が見えないので、相手の反応や理解に合わせた指導ができません。

そして何より、学びの大前提となる互いの信頼関係を築けないからです。授業を受ける生徒の立場からしても、分からないことをその場で解決できないという不便さがあります。

さらに、クラスメイトにどんな人がいるのかもよく分からないという状況も生じます。学力形成および人格形成の最も大事な時期に、それでは困ります。

教育には、知識や情報のやり取りだけでなく、感情のやり取りによって成立している部分があります。

毎日、先生や友人と顔を合わせてあいさつしたり、休み時間に他愛のないおしゃべりをしたりすることは、一見、無駄なことのように思えるかもしれませんが、その無駄こそが、学びを積み重ねるうえで非常に重要なのです。

そうした無駄を一切排除して、将来、ＡＩが知識だけを教え込むようなことが起こるとしたら、それはもう教育とは呼べなくなってしまうでしょう。人員を省いて

ITを活用して生産性を上げることと、学びの本質とはまったく逆のベクトルなのです。

教育の本質は変わらない

この10年間、SAPIX小学部に通う塾生に向けた教育情報誌『さぴあ』をはじめ、新聞社のイベントや、教育関係者の集まりの場で、グローバリゼーション、人工知能、高大接続改革など、さまざまなテーマで議論してきました。

グローバリゼーションの観点から東大の秋入学[※2]について議論したり、「東ロボくん」[※3]と呼ばれる人工知能プロジェクトに参画したりしてきました。

そうしたテーマを追いかけているうちに、新型コロナウイルスのパンデミックが起きるなど、世の中が目まぐるしく変わりました。昨年ぐらいからは、SDGsについても、社会学者で東京大学名誉教授の上野千鶴子先生と新聞で対談を行うなど

※2 2011年に濱田東大前総長のもとで「入学時期の在り方に関する懇談会」発足

※3 2011～2016年にかけて国立情報学研究所を中心に発足したプロジェクト「ロボットは東大に入れるか」

注目しています。

いろいろなテーマで議論してきて思うのは、「**教育の本質は変わらない**」ということです。

グローバル化の時代だ、ＡＩの時代だと言って、「こういう時代が来るから、こう備えよ」と考えるよりも、「今ある良い部分をしっかり残していく」ことのほうが大事ではないかと思っています。

例えば、あるイベントで、詩人の谷川俊太郎さんと劇作家・演出家の平田オリザさんとの対談が行われたとき、聴衆から「国語力を育てるために大切なことは何ですか」という質問が出ました。自由な発想や、想像力というような言葉が出るのかと思ったら、「朝に家を出て、学校に着くまでにあったこと、見たことを話せればいい」とおっしゃるのです。想像力などというものは、その後でいいのだと。

つまり、家族の間で「今日、何があったの？」「それは楽しかった？」という、ごく当たり前の会話をすることが大事だと指摘されていました。

プログラミングだ、クリエイティビティだと騒ぐ前に、まずは「その日学校であったことを話そう」というのは、とても大切なことだと思います。時代のキーワードのようなものに引きずられると、そういう当たり前のことを見落としてしまうのではないでしょうか。

子どもの話を真剣に聞く、一緒に本を読むといったことをもっと重視すべきで、「プログラミングやタブレットなどは二の次でいいのではないか」と思うのです。

3 教育を変えることの難しさ

「教育はサイエンス化しにくい」

先ほど申し上げたように、サイエンスとは因果関係を証明することです。「こうしたから、こうなった」と原因が分かったら、「今度はこういうふうにやり方を変えてみよう」と改善しなければなりません。

教育はサイエンスとしての一面がある一方で、なかなか思うようにはいきません。なぜなら、そこにある因果関係が複雑だからです。何か一点を取り出し、「これが原因だ」と断定できない難しさがあるのです。

数値化が困難であるのはもちろん、教育の効果は30年後、40年後に現れることもあるからです。

また、「比較する」ことにも難しさがあります。

教育学には、ランダムサンプルを二つつくって、一つには何かを与え、もう一つには与えずにその効果を測るという調査手法があります。

例えば、タブレットを使うグループと、使わないグループをつくるとします。そのときに「タブレットを使うグループに参加したい人」と募ってしまうと、タブレットを使うグループには、「きっと何か教育効果があるのだろう」と考える保護者の子どもが多く参加するでしょう。その時点で、そのグループは純粋な〝ランダムサンプル〟とは呼べなくなってしまうのです。

そうすると、二つのグループを比べて、「こっちのほうが成績が良かった」と結果が出ても、それがタブレットによるものなのか、意識の高い保護者の子どもが参加しているからなのかが判断できません。

また、純粋なランダムサンプルをつくったとしても、タブレットを使わないグループに割り当てられた場合に、「自分は効果の出ないほうのリサーチをやらされているのではないか」と疑心暗鬼になったり不満を持ったりする参加者が出てくることもあり、リサーチデザインそのものが非常に難しいのです。

このように、**教育は変数が多く、因果関係がそもそも複雑**です。非常に長い期間をかけて効果が現れるケースがあるため、それを数値化するのも難しい。比較実験をしようと思っても、倫理的制約がかかることもあります。

そのため、データに基づいて行動しにくかったり、エビデンスベースの改革を進めるのが難しかったりします。

国立情報学研究所　社会共有知研究センター長で教授の新井紀子先生は、『コンピュータが仕事を奪う』（日本経済新聞出版社）という著書の中で、次のようなエピソードを紹介しています。

新井先生が公立中学校で実施した「論理的な表現力を強化する授業」で、生徒に課題を与え、自身の考えを文章にまとめ、クラスで発表させました。すると、実践した生徒の中に、期末試験で突然成績が上がった子がいました。「授業」の効果を検証するために話を聞くと、「最初の授業で、先生に『上手に書けているね』とほめられ、うれしくてやる気になった」との答えが返ってきて、拍子抜けしたとのことでした。結局、なぜその子の成績が上がったのか、原因は分からなかったそうです。

これに類した話は、学校でも塾でもよくあることです。先生のちょっとしたひと言で気持ちにエンジンがかかった――それにより、成績やテストの点数が伸びた――という経験が、ひょっとしたら皆さんにもあるのではないでしょうか。

それはＡＩの活用で成績が上がった、という話とはまったく違います。そういう意味では、アートの部分なのです。

なぜ教育は一つの方向に収束できないのか

教育はサイエンス化しにくい理由を述べてきました。それ故に教育には、人から口出しされやすいという一面があります。政治家があれやこれやと口出ししてきますし、有識者だってなかなか厄介です。

もっとも、有識者でなくても、多くの人が評論家になれてしまいます。自分も教育を受けてきた、あるいは保護者として教育に携わっているという理由から、少なくとも自分の知っている範囲の教育については、良いとか悪いとか、簡単に批評できてしまいます。それによって、議論がますます迷走することになってしまうのです。

さらに、所属するコミュニティやセグメントの同調圧力もあります。

例えば、ママ友3人が「こうする」と言うと、それを聞いた周りの人は「皆がそうしている」と思ってしまうそうです。東京都の人口約1400万人のうち、それをやっている人はわずかしかいないにもかかわらず、身近なグループの中の3人がやっていれば、皆がそうしていると感じてしまうのです。

あるいは、フォロワーの多いインフルエンサー1人の力で、そういう風潮は簡単につくられてしまいます。

評論家が乱立したり、「噂《うわさ》」のような情報が飛び交ったりして、なかなか一つの方向に収束していかない中で、教育改革が無理やり進んでいることは、とてもまずい状況ではないかと思っています。

ちょっと古い記事（『新潮45』2016年6月号「『教育改革』はなぜいつも失敗するのか」）ですが、社会学者の竹内洋先生が「（文部官僚は）専門技術の基盤が弱い」と指摘しています。

例えば、財務省や経済産業省は、経済学と強く結びついています。経済学もソフトだといわれますが、それでも一応セオリーがあるので、門外漢が無理難題を押しつけてきたとしても、たいていは理論で跳ね返せます。

しかし、文部科学省がかかわる教育学は「ほとんど素人学問である」ため、外野から口出しされやすいのだそうです。

元文部科学事務次官の前川喜平さんが言うには、「他の省庁に比べて、まず動かせるお金がない。お金があれば納得させられることもあるのに、教育行政にはそれがない。しかも、一人ひとりがいろいろな『理論』で迫ってくるので、押し返すのが大変」なのだそうです。

「キャッチフレーズだけが一人歩きする教育現場」

社会学者の苅谷剛彦先生は、日本の行政は演繹《えんえき》法的だと言っています。

【図2】演繹法と帰納法

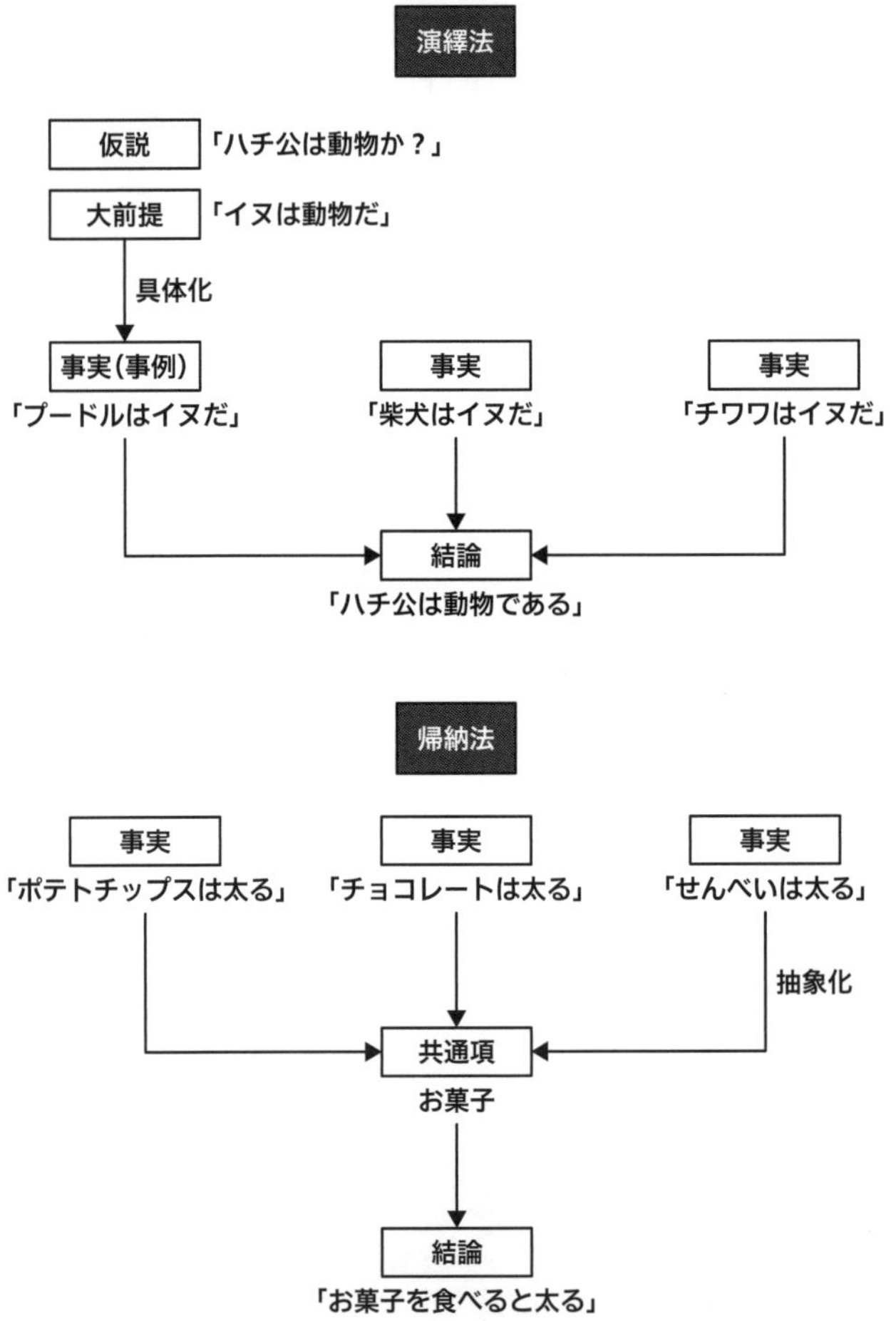
演繹法
仮説
「ハチ公は動物か？」
大前提
「イヌは動物だ」
具体化
事実(事例)
「プードルはイヌだ」
事実
「柴犬はイヌだ」
事実
「チワワはイヌだ」
結論
「ハチ公は動物である」
帰納法
事実
「ポテトチップスは太る」
事実
「チョコレートは太る」
事実
「せんべいは太る」
抽象化
共通項
お菓子
結論
「お菓子を食べると太る」

演繹法とは「複数の事実を足し合わせて結論を出す」考え方のことです（図２上）。「こうだから、こうでなければならず、こうすべきだ」と、下の機関に指示を出します。

一方で、帰納法では、現場を見て、共通する問題点や改善点をすくい上げて、そこを改善するための方法を導き出します（図２下）。

苅谷先生は、「社会科学は演繹と帰納を行ったり来たりしなければならない」とも述べています。

演繹と帰納、つまり具体と抽象の間を行ったり来たりしながら、ベストな方法を探っていくべきであるのに、明治以来、日本の行政はキャッチフレーズを掲げて現場に下ろすことしかやってきていません。これは法学的思考を基礎とした、日本型官僚に根ざした思考法の弊害だと指摘しています。

こうした日本特有の背景もあり、昨今の教育は、キャッチフレーズだけが踊っているような気がします。

例えば、「マーク式の入試は知識偏重だからよくない」「表現力の育成を阻害している」という文言だけが、本当にそうなのかという検証もろくに行われないまま、一人歩きしています。

さらに、STEAM教育、課題解決型学習、ウェルビーイングなど、次から次へと新しいフレーズに飛びついては、半ば強制的に上から教育現場に落とし込むといったことも繰り返されています。

一方、あるITベンチャーの経営者は、「古くからある日本の企業は、考え方が帰納的だから、改革がなかなか進まない」と苦言を呈していました。つまり、過去の習わしをベースに、問題点を少しずつ改善しようとするので、抜本的な解決につながらないということです。彼は、「方向性を決めたら、そのままアクセルを踏み抜け」ということも強調していました。

しかし、それと同じことを教育で実践したらどうなるのでしょう。

教育には連続性があります。一時のブームによって学校の伝統や慣習が寸断されてしまっては、現場はたまったものではありません。

教育のもう一つの難しさは、**失敗が許されない**ことにあります。後々振り返って「あれは間違っていました」は、通用しません。政府が決めた教育方針に従っただけであるのに、今になって「ゆとり世代は……」と言われても困ります。一番文句を言いたいのは、当のゆとり世代の本人たちなのですから。

4 人工知能の台頭とこれから身につけるべき力

ChatGPTと東ロボくん

世間を賑わせているChatGPT。これは、日々進化し、評価も変わっていくでしょうから、現時点（2023年9月）での話をします。

ChatGPTが得意とするのは、オープンクエスチョン（自由に解答できる）です。インターネット上に存在するあらゆるデータから、答えになり得る情報を拾ってくるので、いかにも〝それっぽい〟内容に仕上がります。

例えば、「晩ごはんは何がいい？」と聞くと、「カレーライスがいいと思います」と答えてくれます。「小話をして」と頼むと、ものの数秒でスラスラと適当な話をしたり、「明日の会議に出す企画ないかな」と聞くと、「まずニーズとトレンドを把握すべきです」という教科書のようなアドバイスをくれたりします。

同様に宮沢賢治の『銀河鉄道の夜』の感想文を書かせてみました。すると、最初と最後の段落に結論があって、間に具体的な例を挙げ、「特に」や「また」といった接続詞でつないであります。

文章の構成は上手ですが、中身はありません。「感銘」「印象的」「感動」「心に響きました」と言い回しは多彩ですが、肝心なところは浅薄なのです。

さらに、よく読んでみると、『銀河鉄道の夜』の感想文なのに、『星の王子さま』のエピソードや感想が書かれていました。おそらく、両書を比較したウェブサイトがあって、そこからテキストを拾っているのでしょう。ですから、大事なところで間違っていることがあるのです。

ＣｈａｔＧＰＴが話題になったとき、新井先生に「ＣｈａｔＧＰＴは、東大に合格できそうですか？」とお尋ねしました。そのときすでに、新井先生は東大の世界史の入試問題を解かせていました。

６００文字の大論述の問題にチャレンジさせたところ、「答案の日本語は流暢でも間違いが多そうだ」となりました。代ゼミで採点すると、やはり不正確な箇所が多く、０点という結果になり、その話は記事にもなりました。

一方、２０１６年に「東ロボくん」は代ゼミの模試で世界史を受験しました。すると、文章は不自然で、やたらと細かい情報が入るという特徴がありました。問題の意味を理解できていないので、20点満点中３、４点というレベルですが、教科書や用語集などの正しいデータしか読み込んでいないので、誤った情報は書いていませんでした。

ＣｈａｔＧＰＴの流暢な日本語にだまされそうになりますが、でたらめな内容が

含まれるので要注意です。データベースが膨大すぎて、玉石混交の情報から文章を作成している故の弱点なのでしょう。

そこで、ＣｈａｔＧＰＴに相違点を指摘してみましたが、点数はあまり伸びませんでした。指摘した箇所を修正した文章を再度生成するので、誤りは少なくなります。しかし、その事柄を書かなくなるため、中身は薄くなり、字数も減ってしまいました。

東大入試では、抽象論でも点数が伸びず、50回やり取りをしても2点止まりでした。揚げ足を取られそうになると抽象的な表現に逃げるところは、人間と同じです。

その一方で、短い論述や一問一答の正答率は高いです。知識は正しくても、大論述ができない人間はいるので、そのあたりも似ているといえば似ています。

これらの検証から、東ロボくんは、日本語の文章はぎこちないものの、教科書に書かれている歴史的史実などには精通していて、それをひけらかすというオタク的な部分があります。他方、ＣｈａｔＧＰＴは、日本語が達者でスラスラと答えてくれますが、平気ででたらめな解答をし、間違いを指摘されると抽象論に逃げる性質があることが分かりました。

東ロボくんとＣｈａｔＧＰＴ、どちらと付き合ったほうがいいか――。そのように聞かれたなら、私は「**ＣｈａｔＧＰＴのほうが楽しそうだけど、よほど付き合い方に気をつけないといけませんね**」と答えます。

先ほど触れた記事の中でも、「ＣｈａｔＧＰＴは一見、本当のことを書いているように思えるのですが、これは何によるものなのでしょう?」という話をしています。おそらく、知識の量や正確さよりも、堂々と嘘をつくサイコパスっぽさであるとか、油断しているとこちらがうっかりだまされてしまいそうになる要領の良さに、ＣｈａｔＧＰＴの魅力があるのだと思います。

ChatGPTの台頭で「書く力」が失われる

先ほど述べた「東ロボくん」のプロジェクトを通して分かったことは、「その時点のＡＩ技術では文章の意味を理解できず、東大合格は無理」ということでした。この結果を受けて、国立情報学研究所が中心となってリーディングスキルテストを開発し、子どもたちがどのぐらい文章を読めているのかを明らかにするプロジェクトに取り組んでいます。

すでに文章を書く力のある人や、内容の整合性を判断できる人が、「さらに分かりやすい文章を書きたい」「文章を一から考える時間を省きたい」という目的で、ＣｈａｔＧＰＴの力を借りるのは理解できます。ただし、**まだ自分の文章も満足に書けない子どもたちが、これを使って書く作業をアウトソースするのは、大変危険です。**

読解に課題がある中で、ＣｈａｔＧＰＴが台頭し、ＡＩが自動的に文章を作成してくれるとなると、子どもたちの書く力が大幅に低下することが最大の懸念です。

皆さんにも、パソコンで仕事をするようになって、漢字を書けなくなったという経験があるのではないでしょうか。私自身もパソコンやスマートフォンで、正しい漢字を確認することがよくあります。

しかし、書く力が失われるというのは、漢字力が少し落ちるくらいのレベルの話ではありません。

例えるなら、カーナビに頼ることで方向感覚が失われるのと同じようなものです。紙の地図を見て移動していた時代は、現在地と目的地の位置関係がつかめていたので、道を多少間違えても修正できました。ところが、カーナビの指示に従うだけの運転をしていると、降りるインターチェンジ（ＩＣ）を間違えただけで立て直しが効かず、頭の中が真っ白になってしまいます。

書く力を失ってからそれを取り戻すのは、とても大変なことなのです。

今、教育の現場では「ＣｈａｔＧＰＴとどう向き合うか」という議論が盛んに行われていますが、私は、まず**最低限の「書く力」を身につけることが最優先**だと考えています。

「書く力」がなければ、いくらＣｈａｔＧＰＴと向き合ったところで、そのメリットは享受できません。ＣｈａｔＧＰＴを使いこなしているつもりでも、相応のスキルがない限り、結局は振り回されることになるだろうと思うのです。

自分の頭で考えて書くこと、話すことが大切

新しい取り組みが話題になればなるほど、結局のところ「しっかりと読んで理解できる」こと、そして「自分の頭で考えて書く」ことの大切さが際立つというのは、実に皮肉な話です。しかし、それは、教育の本質が変わらないことの証しだとも言

えます。

欧米では、幼少期から書く訓練を行っています。なぜなら、日本のような「多くを言わなくても分かってくれるだろう」という言葉以外の表現方法に頼るコミュニケーション（ハイコンテクスト）を取らないからです。

欧米では国籍や文化の異なる人同士で対峙する機会が日本と比べて圧倒的に多いため、「自分のことをしっかりとアピールしなければいけない」という考えが強く、分かりやすく伝えるための論理的思考力が求められます。そのため、考えを論理的に述べる「アカデミック・ライティング」と呼ばれる手法が確立しているのです。

日本でも、**多国籍の人とのコミュニケーションが増えていくこの先の社会において、自分を分かってもらうための力――それは書く力であり、話す力であり、相手の立場に立って気持ちを理解する力でもありますが――はますます重要になってくることでしょう。**

バックグラウンドの異なる人間同士、自分の考えを正確に伝え合うことや、分かり合うことは時として非常に難しいです。しかし、そこを避けていては本当のコミュニケーションは生まれません。自分が書くべきことをＡＩに丸投げしないでほしいと思う理由もそこにあります。

人と会い、自分の考えを頭の中で組み立て、直接話し、相手のことを理解したいと努めることからしか、新しいアイデアや、問題を解決するための知恵は生まれてこないと思うのです。

夫婦であってもバックグラウンドは異なる人間同士

これはわが家の多様性の話です。私の妻は海外暮らしが長く、日本の教育は１年間しか受けていません。そんな妻といろいろな議論をしていると、見ている世界がまったく違うことに気づかされます。

2014年、軽井沢にユナイテッド・ワールド・カレッジISAKジャパンというインターナショナルスクールができたとき、創設者の小林りんさんのお話を聞く機会がありました。取り組みとしては非常に面白そうなのですが、1学年が80人という点が少し引っかかりました。私は慶應義塾高等学校出身で、当時は1学年に800人以上が在籍していましたから、そんな環境で育った私としては、80人は少なすぎるのではないかと感じたのです。

そこで、帰宅後、「1学年80人ってどう思う?」と妻に聞いたら、「大きいね」と言いました。妻はスーダンなどのインターナショナルスクールに通っていた経験があり、そこでは1学年が10~15人ぐらいだったそうです。

1学年80人という数字はファクト、つまり事実です。その事実を、私は少ないと感じ、妻はとても多く感じる。つまり、バックグラウンドが異なると、同じ80という数字でも、まったく違った印象をもたらすわけです。

これは最近気づいたことですが、妻は家族が外出するとき、「行ってらっしゃい」

ではなく必ず「気をつけてね」と声をかけます。さらに、娘が友人の家に遊びに行くとき、妻は「送っていかなければ」と言います。娘はもう小学生ですし、友人の家といっても、ほんのすぐそばです。それでも、「送っていかなければダメ」と言い張るのです。

おそらく、治安が良くない国に住んでいた経験がそうさせるのでしょう。スーダンは２０２３年４月にも内戦が勃発しており、政治的に不安定で治安の悪い国なのです。

アメリカを含め、犯罪が多い国では、小さい子の一人歩きはとても危険視されていて、法律で制限されているケースもあります。同様に、子ども一人で自宅に留守番させることも御法度です。

しかし、日本に住んでいる私からすれば、「『はじめてのおつかい』ではあるまいし、もう小学生なのだから、２、３分のところならいいんじゃないか」と思うのです。

ところが、国内の交通事故の状況を調べてみると「小学生の事故は小学1年生が多い」というデータが出てきました。他国と比べても、日本は小さな子どもの事故が多い。つまり、それだけ一人歩きしている子どもが多いということです。裏を返せばそれが日本の治安の良さだとも言えるわけですが、だからといってそのリスクを無視することはできません。結局、私が折れて送っていきました。

このように、**育ってきたバックグラウンドが異なれば、同じことでも感じ方は変わります**。この話はあくまでも家庭内でのエピソードですが、学校や職場、広く社会においても同じことが言えます。「なるほど、そういう考えもあるんだな」とお互いに理解し、許容し合うことが大事であると思っています。

5 教育はエンジニアリングであり、カルチャーでもある

教育にも〝ヒト、モノ、カネ〟の試算は必要

文部科学省が高大接続改革[※4]を進めようというときに、お金の話がまったく出てこなかったことに驚きました。〝ヒト、モノ、カネ〟をどうやりくりしていこうかという「エンジニアリング」の視点が抜け落ちているのです。

新しいプロジェクトや改革を進めていこうというときに、その根幹となる人的資源、物的資源、資金、そして時間を、どうやって集めてくるのかを考えることは非常に大事です。つまり、どのくらいのリソースを割いて、それに対してどれだけリ

※4　高校教育と大学教育、大学入試をひとつながりのものとして捉えた、教育・評価手法を見直す取り組み。高校、大学教育を通して、知識や技能だけでなく「個」の力を多面的・総合的に評価することで、これからの社会で求められる「生きる力」を伸ばすことを目指している

ターンが見込めるのか。この部分を現実的かつ戦略的に組み立て、実践しなければ、十分な効果は生まれません。その視点が、今回の高大接続改革の中では圧倒的に足りていなかったと思います。

高大接続に限らず、教育という分野は、このエンジニアリングの視点がおろそかにされがちです。そこが曖昧なまま、うわべだけで話が進んでいってしまうので、結局は持続的な効果は期待できないというわけです。

教育を語り、教育改革を実践しようとするのであれば、まずはその出発点として、教育をもっと実践的に捉える必要があるのではないかと思います。

学校には独自の伝統・カルチャーがある

もう一つ、教育には文化としての一面もあります。

２０１９年に、熊本県の済々黌《せいせいこう》高等学校の元生徒が、新入生のときに応援練習として大声で校歌を歌うことを強制され、ストレスを感じたとして県に賠償を求めました。その生徒は過度なストレスからうつ状態となり、結局、学校を辞めざるを得なかったそうです。

学校独自の伝統や文化は、地方のトップ校を中心にまだまだ多く残っています。そして、たいていは部活や運動会、行事などと強く結びついています。

コミュニティに所属するための通過儀礼だと前向きに捉える生徒がいる一方で、そのやり方があまりに理不尽であるが故に、精神的苦痛を感じる生徒も少なからずいるということは、理解しておかなければならないでしょう。

その意味で、私たちには、それぞれの学校が持つ伝統や文化を正確に伝えていく責任があると感じています。それこそ、『さぴあ』のような媒体を通じて、「この学校には、こういう伝統や文化がありますよ」と包み隠さず伝えることによって、学校と生徒、双方のミスマッチを防ぐことには大きな意義があるはずです。
せっかく受験勉強を頑張って入学したのに、自分の思い描いていた学校生活と現実が大きくかけ離れていたのでは、それまでの努力が報われません。

しかし難しいのは、伝統に対し、肯定的な人と否定的な人がいるということです。

●肯定派の意見
連綿と受け継がれてきた伝統だから、今後も続けていかなければならない
●否定派の意見
嫌がっている生徒がいるのに、続ける必要があるのか

双方の意見の間で、どのように折り合いをつけるのかが課題です。

弊グループの社内研修で、次のようなことがありました。

「私たちの使命は、学校の校風やその良さをきちんと伝えていくことだ」という趣旨で、先の済々黌高等学校の例を出したところ、社員の反応は「そうした理不尽な体験を乗り越えたからこそ、今の自分がある。続けるべきだ」という肯定派と、「今の時代にそんなことを続けているのはナンセンスだ」という否定派に分かれました。

東北のナンバースクールや開成高等学校など、応援練習の伝統が残る学校出身の社員からも両方の意見が出ました。伝統的な価値観の継承と、多様性の包摂のバランスをどう取っていくかがこれからの課題となるでしょう。

そもそも学校には歴史や伝統があります。さらに、地域文化などの影響も色濃く受けています。そういう意味では、教育はサイエンスであり、アートであり、エンジニアリングであり、カルチャーでもあります。

教育が持つカルチャーとしての役割を考えるにつけ、私は新しい学校をつくるよりも、伝統ある学校をサポートすることに力を注ぎたいと、強く思います。それと同時に、その学校の特徴や教育内容を受験生や社会に正しく伝えていくことも、大事な使命なのだと感じています。

6 教育とはいかようにも可能性を引き出す装置

「頑張る心」を育むことも必要

日本は少子化が進み、あらゆる場面で競争することが少なくなっています。例えば、地方では今、少子化によって進学志願者が減り、高校受験が易化している自治体が増えています。また、コロナ禍で学校が長期的に休みになったことをきっかけに、遅刻や不登校が目につくようになったという話もよく耳にします。さらに最近は、中学受験にチャレンジする外国にルーツを持つご家庭の子どもが増え、難関校に多くの合格者が増えているというニュースも目にします。

「競争より協調」「個性尊重が第一」という風潮が世間に浸透して久しいのですが、そんな環境に順化してしまった子どもたちは、この先に待ち構える厳しい競争社会に果たして打ち勝っていけるのでしょうか。

これからは意識的に勉強させたり、競争させたりしなければ、世界の若者に太刀打ちできなくなるのではないでしょうか。

東大元総長の濱田純一先生は、対談（第2章）の中で、「受験は知識の習得だけでなく、チャレンジ精神や頑張る心を養うためにも必要だ」ということをおっしゃっています。

私もまさにそのお考えに共感しています。勉強を頑張らなかった人が、社会に出て頑張れるでしょうか。宿題を期日までに提出できなかった人間が、仕事の締め切りを守れるでしょうか。

もちろん、それぞれに得意・不得意があるので、努力の対象は必ずしも勉強である必要はありませんが、それでも**「頑張る」という経験は必要**です。

例えば、高校3年生まで運動部で頑張っていた子が、部活動を引退して受験勉強に専念したら、急激に成績が伸びたという話はよく聞きます。部活動で培った努力する姿勢や集中力を勉強に応用できたことが、成功につながったと言えるでしょう。

歯を食いしばって努力をする、決めたことを最後までやり抜くといった経験は、部活動にしろ、勉強にしろ、どの場面でも応用できる、汎用性の高いスキルだということです。

10代という気力も体力もみなぎっている時期に、勉強はもちろん、部活動や課外活動に没頭し、成功体験を味わうことが、その先の人生においては非常に大切です。名門校や伝統校と呼ばれる学校ほど、この点を強く意識した教育を行っているのです。

教育の形は無限に存在する

再三述べてきたように、教育は、画一的な方法では全ての子どもたちをカバーできないという意味ではアートです。一人ひとり得意なことが違いますから、それぞれの個性を尊重することは、もちろん大事です。

だからといって「私は勉強が苦手なので、勉強をせずに生きていってもいいでしょうか」と聞かれたら、答えは迷わず「否」です。「個性を尊重する」から「勉強しない」というロジックは成立しないからです。生きていくうえで必ず必要となる、努力する姿勢や最後までやり抜く粘り強さといった汎用性の高いスキルを身につける第一歩として、教育があると考えていただきたいのです。

教育はサイエンスであり、アートであり、エンジニアリングであり、カルチャーでもあります。

これはつまり、その姿をさまざまに変容させることによって、子どもたちの可能性をいかようにも引き出してくれる装置であるということです。

学校の特色と子どもの性格などとの組み合わせによって、教育の形は何通りも存在することになります。だからこそ、どういう学校に進み、どういう教育を受けるかという選択に、正解はありません。

その時々の流行や新しい言説を過度に信じ込まず、家庭にとって大切なことは何かを意識して教育に向き合うことです。これは、情報にあふれた時代だからこそ、今一度立ち返っていただきたい大事な原点であると考えています。

第2章

受験勉強から問い直す「考える力」

～濱田純一先生との対談を通じて～

濱田 純一
はまだ じゅんいち
東京大学名誉教授
東京大学元総長

1950年生まれ。灘高等学校、東京大学法学部卒。同大学大学院法学政治学研究科博士課程単位取得退学。博士（法学）。専門分野はメディア法、情報法、情報政策など。1995年東京大学社会情報研究所所長、2000年東京大学大学院情報学環長・学際情報学府長、2005年理事（副学長）を経て、2009年4月から2015年3月まで東京大学総長（第29代）。初の戦後生まれの東大総長として、秋入学をはじめ、さまざまな改革に取り組む。現在は放送文化基金の理事長、映画倫理機構の代表理事などを務める。主な著書に『東京大学 知の森が動く』（東京大学出版会）、『東大はなぜ秋入学を目指したか』（朝日新聞出版）など。

対談にあたって

「詰め込み」「知識偏重」の学びに対する批判がどこに向けられるのか。

もちろん、人によって批判の対象はさまざまでしょう。しかし、言葉を選ばずに申し上げるならば、「勉強はできるけれど社会では使えない」、そんな批判の声を浴びる機会が最も多いのは、東京大学の卒業生であろうと思います。

その一方で、ご存じの方も多いと思いますが、教育改革に対して非常に熱心に、未来を見据えて取り組んで来られたのも東京大学です。

だとすれば、対談はぜひとも東京大学から始めたい。

そこで、過去にも何度かお話しをさせていただく機会のあった濱田純一先生に、「ぜひに」とお声がけをさせていただきました。文字通り、入試改革の陣頭指揮を執られた濱田先生だからこそ、語ることのできる言葉があるはずです。

私自身もわくわくしながら対談に臨みました。

濱田先生には、東大の入試改革の背景、さらには、自ら陣頭指揮を執って改革に臨まれたときの思いについて、事前アンケートの形でお考えを伺っていました。どのような背景から改革を志し、何を実現しようとしたのか。それらの点について、次のようなお答えをいただきました。

東大の入学試験に「推薦入試」を取り入れた背景には、一般入試で入学してくる学生とは違う性格、個性、特性を持った学生に入ってもらい、学生の多様性を高めたいという思いが強くありました。

入学の時期については、東大だけが他の大学に先駆けて、改革をすることはできなかったものの、「推薦入試」を取り入れたことは成功だったと考えています。

入試改革を考えた時点から、「多様性」に着目していました。単に「多様性」を持った学生に入学してもらいたかっただけでなく、「学生の育て方の多様性」にも力を入れました。

「考える力」を重視した東大の推薦入試

髙宮　事前のアンケートでもお尋ねしたことですが、まずはやはり、総長として濱田先生が陣頭指揮を執られた東京大学での教育改革／入試改革について、改めて詳しくお話をお聞きしたいと思っています。

当時、後期入試に合格して入学してくる学生の多くが前期試験で不合格になった人たちでした。そのことにある種の「わだかまり」のようなものを持っている学生が多かった、という話を聞いたことがあります。

予備校の目線で見ると、後期試験に出題される総合的な問題への対策は非常に難しいものがあります。相当な学力や実力がないと合格できない問題という点で、当時の東大の後期試験は非常に良い試験だと理解していました。

それがなぜ、現在の推薦入試という制度の導入へと至ったのか。一般入試との違いをどのように捉えていたのか。そのあたりからご教示いただけますでしょうか？

濱田　当時の認識としては、せっかく異なるタイプの出題で後期試験を実施しても、結局は前期試験と同様の学生が入ってくる。「同じ学生がもう1回受けているだけ」との評価も学内には少なくありませんでした。「多様な学生に入学してほしい」という後期試験のもともとの趣旨から外れるのではないかといった意見も踏まえつつ、検討を重ねた結果が現在の推薦入試という制度になります。

高宮　残念ながら、当時話題となった秋入学は実施できなくなってしまいましたが、制度の発案者・当事者として、推薦入試をスタートしたこと、その現状について、今どのようにお考えでしょうか？

濱田　私は成功したと考えています。推薦入試では、成績だけでなく、国際科学オリンピックなどでの活躍や社会貢献活動などにも示される「考える力」を重視しました。「考える力」を持った学生が推薦入試によって多く集まっていると理解しています。

高宮　基本的には、後期入試をスタートした当初と同じように、一般入試とは異なる人材を集めたいと考えていたのでしょうか？

濱田　最初は、一般入試を目指していた学生が推薦入試を受験してくれるのでいいと考えていました。大学としてはまず、これからどのような制度に成熟させていけばいいのかという方向性を、経験を積みながら見定めたかったのです。

他人にはない突出した能力を持つ学生を、推薦入試によって見つけやすくなると考えていました。最近は、最初から推薦入試を目指す学生が増えています。これは良い傾向だと受け止めています。

髙宮　最近では総合型選抜※5を採用する大学も増えてきており、新しい方式で学生を集めることについて、先生方も手探りの状態にあるというお話をよく耳にします。

そうした点を重ね合わせると、東大が試行錯誤の月日を重ねて、学生はもちろん、先生方もじわじわと手ごたえを感じてきておられる。そのような状況をお聞きして安心いたしました。

入試改革実現までのプロセス

髙宮　先日、ある日本の研究者とお話しする機会があり、彼の親戚のお子さんがア

※5　「AO入試」の新名称（2021年度入試以降）。大学が求める人物像（アドミッション・ポリシー）に合う生徒を、提出書類（エントリーシート）や面接、小論文、プレゼンテーションなどで選抜する入試方式。受験生の知識や技能、思考力、人間性などを多面的に評価する

メリカの大学へ進学したときの話が出ました。そのお子さんからは「こんな学校に行きたい」「社会に出たらこんなことをしたい」「大学ではこういうことも学びたい」と相談が寄せられ、その研究者も一生懸命それに応え、納得がいくまで話し合ったとのことでした。

自分の人生のゴールを設定する。「社会に出てこうなりたい」という将来像から逆算して学びのアプローチを定めていく。こうした考え方が今の日本にはまだまだ足りないとおっしゃっていて、非常に考えさせられるところがありました。

日本の場合は、「医者になりたいので医学部に進む」と目標が明確になっているケースももちろんありますが、「とりあえず東大に入ってから考えよう」といった学生もまだまだ多いと思われます。高校の先生方や保護者なども「将来のことはいいから、まずは勉強しなさい」と指導する場合が今も少なくありません。

無論、何でもアメリカの真似をするのがいい、と言っているのではありません。日本はアメリカで実践していることを導入する際に、そのまま取り入れようとする傾向が強いといえますが、それでうまくいくという簡単な話ではありません。

特に教育制度の改革というのは大きな困難を伴う仕事で、だからこそ推薦入試をスタートする際に、まずは１００人を集めるという小さな枠の中で実施されました。それは非常に賢明な方法であったのではないかと感じています。

濱田　その点についていうと、後期試験の見直しという事情がなかったら、推薦入試をすぐに導入できたかどうか分からないというのが正直なところです。おそらく時間がかかったでしょう。

髙宮　今までペーパーテストだけで学生を集めていた東大が、そこに１００人もの多様な人材を求めた推薦入試を導入されました。今までとは異なる個性を持った学生を入学させたかった。そのように理解していますが、間違いないでしょうか？

濱田　新しい制度を取り入れた背景には、「このまま一般入試だけを続けていて、本当によいのだろうか」という問題意識がありました。

先ほどもお話ししたように、後期入試を導入し入試問題の形を変えてはみましたが、同じようなタイプの学生が多く入ってきました。「何とかしたい」と思いながらも、なかなか方向が煮つまりませんでした。

それが、後期試験の見直しが行われることになり、一気に議論が深まりました。この推薦入試は、中長期的に東大入試の在り方をより良いものにしていくための第一歩だと、個人的には考えています。

髙宮　2020年の夏に濱田先生とお会いした際には、「秋入学で何が最も高いハードルだったか」とお尋ねしました。これは秋入学の導入を断念した点を意識しての質問でしたが、そのとき濱田先生からは「国家資格の試験などの日程が変わらなければ、東大だけが入試制度や日程を変えることはできない」とのお答えだったと記憶しています。

今、改めて振り返られたとき、秋入学まで改革を進めなくて本当によかったのか、または、あのときもう一歩踏み込んで、秋入学まで進めるのも悪くなかったのではないか。この点についてはどのようにお考えですか？

濱田　東大だけが秋入学を導入する。それは私も考えていました。実際のところ、そうすることもできたとは思います。文部科学省も当初は、「いくつかの有力大学だけが秋入学を導入するというケースはあるかもしれない」という想定もしていたように感じます。にもかかわらず、実現できなかったのは、他大学や社会全般が大きく混乱するとの判断からでした。

高宮　確かに、東大だけが秋入学ということになれば、高校の現場はもちろん、学習塾や予備校としても、授業の運営などの面で大きく混乱することになります。

濱田　10年先、さらに20年先を考えると、ここで変えなければ東大が伸びる力、国際競争力を損なってしまう。学生や社会に対する責任を果たせない。そのような恐れを深刻に感じていました。

それでも当面生じるであろう東大内部の混乱、他大学の混乱、さらには社会全体の混乱を考えると、思い切って進めるという決断はできませんでした。

「多様性」の時代における東大

髙宮　東京大学が「多様性」を強く意識されたのはいつ頃からでしょうか？

濱田　私が多様性を正面から意識し始めたのは、総長として着任した2009年ごろからです。入ってくる学生の多様性だけではなく、「学生の育て方の多様性」にも力を注いだつもりです。授業やカリキュラムの工夫のほか、体験活動や海外留学などの強化にも力を入れました。また、推薦入試の場合には、入学した時点で進学する学部が決まっており、このような育て方の多様性を取り入れることが大切だと思っていました。

多様性が大切なことは、自分自身の信念や経験、また研究や教育を通じて痛感していたことですが、時代の動向もあり、大学もしっかりとそれに向き合う必要があると考えました。

髙宮　多様な学生、さまざまな経験を重ねてきた学生たちが、東大のキャンパスに集まることの意味を、濱田先生はどのようにお考えですか？

濱田　自分とは「異なる考え方を持っている」「異なる生活経験を重ねてきている」「異なる知識を身につけている」など、さまざまな「異なる」を持った学生たちが一つの場所に集まることで、お互いに刺激を受け切磋琢磨し、成長することができます。そこに大きな意味があると考えています。

学生でいる間は気楽に触れ合うことができます。しかし社会に出るとそれぞれの砦《とりで》ができますから、なかなか心の中で思っていること全てを打ち明けるわけにはいきません。簡単に胸襟《きょうきん》を開くことは難しくなります。異なったことへの挑戦もしにくくなる。ですが、学生時代ならば、心を開いてお互いの違いを受け入れることができます。

髙宮　濱田先生が関西から上京された頃の東大と、先生が在任中の東大を比較したとき、多様性の点で違いを感じられたことはありますか？

濱田　以前のほうが学生の多様性はあったと思います。

私が大学に入った１９６８年ごろは、地方の国立／公立高校の出身者がたくさんいました。しかし他方で、「東大」という枠を今以上に意識していた気がします。

「東大生はこうあるべきだ」という思い込みが強く、自らを枠にはめてしまっていたように思います。

髙宮　さまざまなバックグラウンドを持って地方から出てきても、「東大」という枠の中に収まらなければいけない。そんな感覚があったということでしょうか？　その点についてもう少し詳しくお聞きしたいです。

濱田　多様なバックグラウンドを持っているにもかかわらず、自分の個性、自分の地域性などを出すのではなく、東大生らしくしているべきと考える学生が多かった。「東大生らしさ」が何を意味するのかは別として、社会的に期待される枠があって、東大生の基準とはどのようなものかを探る感覚が、当時はかなり強くあった気がします。

髙宮　当時の社会の風潮の中で、大学生としての「ある種の成功のモノサシ」に近寄っていく。そんな感覚があったということでしょうか？

濱田　その通りです。入学した後にクラス写真を撮るのですが、約半数の学生が、高校時代の詰め襟の制服を着ていました。そして誰もが真面目な顔をしていました。

東京に来て、東大生であることの緊張感にとらわれていたのでしょう。その意味で、本来の多様性が十分に発揮できていなかったと感じます。

高宮　それが、濱田先生の在任中の時期になると、多くの学生たちが自分らしさを出せるようになってきた。そういうことになりますか？

濱田　私が在任していたころ、それぞれが自分の個性を大事にするようになっている傾向を感じました。もちろん、時代の雰囲気などの変化が大きく影響していたと考えています。

高宮　例えば、東大の推薦入試の推薦要件の一つとして、国際科学オリンピックなどへの出場経験といったことが記載されています。私はどの学校の生徒たちが国際大会でメダル取っているのかを常に確認しています。

東大が推薦入試をスタートするアナウンスメントがあったとき、世界的な大会に出ている生徒たちの多くは、すでに東大合格者を多く輩出している高校の所属でした。「数学」や「情報」の大会では、筑波大学附属駒場高校、開成高校、そして灘高校の３校が、毎年のようにメダルを独占している状況でした。しかし、東大で推薦入試がスタートすると同時に変化が生まれました。国際大会でメダルを取る学校が、実に多様になってきたのです。

国際科学オリンピックには日本から年間で30名ほどが出場していて、大きなデータではないため確定的なことは言えませんが、おそらく今まで大会でメダルを取っていた

生徒たちは、一般入試でも合格できる実力を持っていたのだろうと想像します。国際大会などのイベントに余裕を持って参加し、結果を残して東大にも合格していたのでしょう。

しかし、「入試以外の実績も評価します」と変わったとき、「自分が好きなことを頑張ればそこでも評価してもらえる。そんな入試が東大にもある」ことが分かって、「思い切ってチャレンジしよう」と考える生徒が増えたのではないでしょうか。

推薦入試の制度ができるまでは、大学入試があるから、受験期に国際科学オリン

ピックの準備に励んでいる余裕はない。そんな思いがあったのかもしれません。国際大会でのメダル獲得によって多様性が生まれた。それも東大の入試が変わったと言える、一つの大きな理由になっているかもしれません。子どもたちの学び方が変わったことは、とても良い傾向だと思います。

「考える力」と学校での学び

「考える力」と「受験勉強」の関係について考えるうえで、受験勉強以外の取り組みについても目を向ける必要があります。「考える力」にとって大切だとされる**アクティブ・ラーニング**、さらに受験以外の観点でも重視される**英語力**について、濱田先生は次のように述べられています。

本来の「考える力」は「自分を問い直す力」であると私は考えています。

「自分を問い直す力」を「考える力」と考えたとき、アクティブ・ラーニングのような学習の仕方は、中学、高校生ぐらいから始めるのがいいと思います。

小学校についても、まったく行わないよりは、経験したほうがいいとは思います。

ただ、小学生はまだ「自分」の基礎が確立していません。そんな時期には、課題解決型の学習ばかりを進めるのではなく、教科型の学習を軸にして、バランスよく実施することが大切です。

また、これからの国際社会を生きるためには「英語力」が必要だとよく言われます。

英語の実践力については、まずは日常的な「話す・聞く」ができることが基本で、後は実際の経験を重ねることです。

ただ、より多様性を感じ取ることのできる、質の高いコミュニケーションをするためには、さらに読解力などの学びを深めることが大切です。

濱田　一般入試で入ってきた人たちも当然、「考える力」の基本を身につけています。本来の「考える力」は、「自分を常に問い直す力」であると私は考えていますが、皆がやらないような何かをしてきた人、仕事など日常に役立つ実践的なことに取り組んできた人、そういう経験をした人は「考える力」＝「自分を問い直す力」をより鍛えられているように感じます。

髙宮　昨今の「受験勉強」は詰め込み型で、「考える力」がつくとは言えないという批判が多く寄せられます。しかしながら、私は受験勉強を通じて「考える力」が身につけられると考えていて、東大の一般入試の問題などはまさに、思考力を問う良い問題であると理解しています。

確かに、入試対策が行きすぎてしまえば、弊害が出てくることはあり得ます。しかし、受験勉強と適切に向き合うことで、言い換えれば、一つの分野をしっかり突き詰めることで、自ら問いを立てて考える力を育んでいく。そのような子どもを育てられると信じていますし、育てていきたいと思っています。

この種の問題は、いわゆる「０か１か」で結論づけるものではないと考えているのですが、この点に関して、濱田先生のご見解はいかがでしょうか？

濱田　そうだと思います。受験勉強は、「自分を問い直す力」の基礎を作ります。東大の一般入試は確かに良問揃いです。その分、作成にはかなりの手間がかかっているので悩ましいところですが（笑）。入試問題は東大からのメッセージでもあるので、しっかりと作り込むべきである、という意見もありますが、私は、「こういう学生に来てほしい」という大学側の思いは、入試問題にメッセージを込めなくても別の方法はいくらでもあるので、さほど気にする必要はないと考えています。

今後、ペーパーテストをどう扱っていくかという問題はありますが、受験生が一つのテストを目標に、自分の力の限りを試してみるチャンスを提供することは、よいことだと思います。とはいえこれからの時代、ペーパーテストという一つの評価尺度だけでよいかと言われると、やはりそうではないと言うべきです。それがまさに、東大が推薦入試を導入するきっかけでした。

それと同時に、ペーパーテストという尺度で入ってきた学生でも、大学として、より多様性や実践力を意識した教育の方法を通してしっかりと鍛えようと、それを実践したのが東大の教育改革でした。

高宮　少し角度を変えてお尋ねしますが、いわゆる「受験勉強」はよくないというお考えでいらっしゃるのか、それとも基礎学力をつけるためには必要であるのか。濱田先生のお立場はどちらになるのでしょうか？

濱田　「受験勉強」には賛成です。大学に入るための受験勉強に、脇目もふらず取り組む。それが行きすぎている部分は、入試問題の在り方や評価の方法も含めて考え直す必要があると思います。

ただ、基本的には、若いときに一つの目標や学問分野に集中して学習する時間があってよいと思っています。確かに、じっくり時間をかけて学ぶ方法が合っている学生もいれば、短期集中型の学びに向いている学生もいます。しかし、いずれの場合であっても、ある課題の達成を目指してさまざまな方法で全力で取り組む、あるいは将来何の役に立つかは分からないけれど、ひたすらに知識を詰め込んでいく。そんな時期も必要です。

受験勉強を通じて「根性」が身につくという面もあるでしょうが、何より、多くの基礎的な知識が身についていないと、大学での教育に耐えられず、「考える力」を成長させられません。それを、大学での教育経験の中でつくづく実感させられました。

東大の場合は、学生がそれなりに厳しい受験勉強をしてきているので、大学の授業をしやすいのですが、大学によっては、そもそも授業の前提となる知識を欠いている学生たちがいるとも聞きます。だからこそ、大学できちんと学ぶために、「受験勉強」をしっかりしておいてほしいわけです。

私は地理と歴史の勉強が好きでしたが、今でもかなり役に立ちます。高校時代に覚えた地名や産業など、ニュースを見たり、実際に現場へ行ったりしたとき、全ての知識が見事につながってきます。身につけてきた知識が多ければ多いほど、人生も豊かになるとも思っています。

高宮　昨今では、それまでの知識詰め込み型の授業から、アクティブ・ラーニングや課題解決型学習に注目が集まってきています。実際に、そのような授業に取り組んで成果を出している学校もあります。

他方、学校の先生方からよく聞くのは「好きなことだけやればいいんでしょ」と苦手なことに挑戦しない生徒が増えてきていること。その結果として、基礎となる教科学力が弱くなっていることへの懸念です。

繰り返しお伝えしてきたように、私自身は、教科の勉強は一定レベルで必要だと考えています。濱田先生は最近のアクティブ・ラーニングや課題解決型学習についてどのようなお考えを持っていらっしゃいますか？

濱田　アクティブ・ラーニングのような学習の仕方は、小学校時代から、ある程度は行うのもいいと思っています。自分とは異なる考え方を受け止める。あるいは日常で直面している課題について学ぶ。こうしたことは小さい頃から実践すべきです。

そこで問題となるのが、教科型の勉強との比重です。小さい頃は特に、教科型に重点を置くべきというのが私の考えです。

もちろん、フィールドワークをするのも大切な経験ですし、自分の関心に従って深く勉強することで得られるものは非常に多いはずです。その意味では、中学、高校あたりから継続的に、課題解決型の学習に取り組むのがよいかもしれません。事前にそのような経験を重ねていれば、大学のグループディスカッションで改めて議論の作法を教えたり、発言を促したりする必要もないだろうと思います。ただ、課題解決型の学習が強調されることで、教科型の勉強に割く時間が少なくなるなどマイナスの影響を受けてしまうのは、適切ではないと考えています。

先ほど、「考える力」は「自分を問い直す力」であると言いました。自分の持っている知識を問い直す、あるいは、これまで生きてきた経験の意味や価値観を問い直す。そういったところに大きな意味があります。裏を返せば、人生経験や知識も少ない段階では、あくまで基礎的な経験として、小さい頃からアクティブ・ラーニングにある程度取り組むのは良いことですが、時間の軸を少し長めに取って、一定レベルで知識が身についた後のことも念頭に置きながら、計画的かつ段階的に進めていくことが必要です。

髙宮　少し話題は逸れますが、日本のインターナショナルスクールでのことです。小学5年生の算数の授業を見る機会がありました。そこでは「22×17」の問題の解き方をそれぞれに出し合い、実際に解いてみる、ということをしていました。

日本の算数の授業では、筆算の仕方や繰り上がりについて教えれば終わりです。

後は「ひたすら問題を解こうじゃないか」となります。解き方についてあれこれと議論している様子を見て、正直なところ、何だか歯がゆくなってしまいました。

私には留学経験があります。海外の大学院生、特に教育学を専攻している仲間と勉強していたときに、日本の算数教育は本当によくできていると感じていました。日本の初等中等教育の算数、数学教育はとても素晴らしいと思います。

しかし、「数学オリンピック」で日本を上回る優秀な成績を収めている国の一つがアメリカです。その理由として挙げられるのが、アメリカの学びは「青天井」だということです。ある名門校の数学の教科書を見せてもらったとき、大学レベルの専門的な内容まで書いてあることに驚きました。「入試ではここまでしか出ないから」との発想とはまったく異なり、学びたい人は学びたいだけ進んでいくことができるわけです。

平均的な教科学力を比較するだけならば、おそらくは日本のほうが高いはずです。しかし、それだけでは突き抜けた才能が生まれにくい。濱田先生のお考えの通り、教科的な知識とアクティブ・ラーニング的な学びとのバランスが大切であるとの点は私も同感です。日本のドリル的な練習、「答え」が一つに定まる問題を解くことと、異なる考え方や答えを出し合っていく課題解決型の学習とを、ハイブリッド方式で進めていくことが望ましいのではないかと思っています。

濱田 ハイブリッド型で進めるという点については賛成です。それぞれの学びを、どの時期にどの程度の割合で組み合わせるか。そのバランスが大切でしょうね。

とはいえ、詰め込み型のアジア圏の国々も最近は躍進していますので、何とも言い難い部分もあるのですが（笑）。

英語力の必要性について

高宮 以前、テレビでサッカーの国際試合を観ていたときに感じたことがあります。

まだ前半なのに３枚ものイエローカードが出されていました。３枚目が出たときに、海外でも活躍する日本のキャプテンが英語で激しく抗議していました。その場面を観ながら、これからは英語で討論、もっと言えばケンカできる力が必要だと改めて実感した次第です。

少し前置きが長くなってしまいましたが、濱田先生は英語について、あるいは、英語を学ぶことの必要性について、どのような考えをお持ちですか。

濱田　グローバル化が否応なく進んでいく時代に、英語の勉強はしっかり行ったほうがよい。その点に疑いはありません。ただ、どこまでの英語力が必要かという点については、人によって、仕事によって違うでしょうが、まずは日常生活に支障のないレベルで、「話すこと／聞くこと」の両方ができることが大切だと思っています。

研究者として、あるいは技術や法律・経済などのエキスパートとして、国際的な場面に職業として携わろうというときには、専門的なレベルでの読解力も必要ですが、一般的には、今お話ししたスピーキングとリスニングの力をもっと鍛えたほうがいい。

これまでの英語の勉強は、文法にとらわれすぎていました。文法通りに話さなければ、という意識が強すぎるあまり、多くの人がうまく話せるようになりませんでした。

しかし、私たちが普段日本語を話すとき、正確に文法を守っているケースなど、ほとんどありません。さらに極端に言えば、単語を並べて話すだけでも、相手にはちゃんと通じます。必要なのは文法の正確さではなく、キーワードをしっかり特定すること、そして相手に伝えたい、相手から理解されたいという思い、熱意です。

髙宮　気迫もなければ、相手に伝えることができないかもしれません。
濱田　私自身は、「自分の主張したいことが伝わる」、それを実践できるレベルの英語教育も、もっと求められていると理解しています。もちろん、その前提として、話すべき内容をしっかりと身につけておくことが大切ですが。

「失敗」を経てからの「成功」

本章の前半でも見てきた東京大学の教育改革／入試改革は、全てが順風満帆に進んだわけではないと伺っています。思い通りにはいかなかった「失敗」を、どのように「成功」へと変えてきたのか。この点についても、濱田先生のお考えを事前にご教示いただきました。

「失敗」を経て「成功」することも大切なことです。東大の授業改革、教育改革も、うまくいかなかった制度を別の制度に変化させています。

東大生だから失敗してはいけない、などということはまったくなく、東大という非常に恵まれた環境の中で学べることを前向きに捉え、失敗を恐れずにさまざまなことに進んでチャレンジしてほしいと考えています。

髙宮　ここからは再び、東大の入試改革についてお聞きしたいと思います。

早稲田大学の田中愛治《あいじ》総長が、教務担当の理事だった10年ぐらい前に、大人数の教室をいかに減らせるかという点に腐心されていました。可能であれば、7割の授業を学生が30人以下の状況で実施したいとおっしゃっていました。現状でもまだ大人数の教室はあるようですが、少人数での教育に対する意識には非常に強いものがあると感じた次第です。

東大の教育改革によって今はどのような教育になっているのか。どのような点が最も変わったところなのか。ぜひともお聞かせください。

濱田　秋入学を実施しようとしたもののうまくいかなかった。それは前半でお話しした通りです。しかし、秋入学で目指そうとした教育の精神、そこで目指していた教育の在り方だけでも実現していこう。そのような思いから、総合的な教育改革を進めました。言い方を換えれば、学事暦の変更を媒介とせず、教育そのものの改革を目標としたイメージです。その改革の柱としたのは、教育の国際化、実質化、高度化の三つの理念です。

当時、大きな課題になっていたのは、しばしば「学生が点数主義に陥っていたこと」「学生の授業態度が受け身であったこと」「学生の視野が狭いこと」の３点でした。そこに焦点を当てて改革を進めていくことに決めたわけです。

高宮　東大の場合は「レイト・スペシャリゼーション」の仕組みを採用しているので、入学時点ではなく、３年生へ進級する際に学部や学科を決定することになります。２年間の前期課程の成績も大きく関わってきます。基礎的な知識を身につけてから何を学びたいのかを決めることができます。そこにはかなり主体的な意思が働くとも思えるのですが、そうではなかったということでしょうか？

濱田　制度の趣旨はその通りですが、進級決定の仕組みの問題もあって、点数主義から抜け出せてはいませんでした。「広く教養を深める」という本来の目的よりも、「いかに高い点数を取るか」を意識して、大して興味もない授業を選択する。そのようなケースも増えていました。「何を学びたいか」ではなく、「どの先生の授業が点数を取りやすいか」が判断の基準になりかねないのです。

言うまでもないことですが、教養とは専門的な学びにとっての大切な基礎となるものです。また、多様な学びをする出発点ともなります。さらに言うと、社会に出れば、点数だけで評価してくれるほど甘くない。だからこそ、大学では点数主義を改めていかなければならないと、強い問題意識を持っていました。

その一環として、進級決定の仕組みを変更したり、分野横断型のプログラムを強化したり、少人数のチュートリアル方式の拡充によって、学生と教員との距離が非常に近くなっています。補助教員も積極的に採用しました。

チュートリアル方式の授業では、論文の発表方法、討論や論文の基本的な作法、あるいは、実験の基本的な作法などを集中的かつ本格的に教えています。これらの授業には多大な労力がかかっていますが、今の東大の制度だからこそ体感できる授業ばかりです。それが私たちの目指した教育改革の形の一つです。

考えてみれば、昔のほうが教え方は粗かったように思いますが、役に立たない学生を企業や社会に送り込んでくるとは言われませんでした。70年代～80年代までは、企業や社会に大学卒の人間を教育する力が残っていました。

しかし、今はそうではありません。以前は「大学で余計なことを教えなくても、企業がしっかり教育するよ」といった声を、しばしば耳にしました。それが今ではできなくなってしまっています。実際のところ、私はそれが社会の教育力の根本的な問題だと思っています。

高宮　確か経済界が「大学できちんと教育してから社会に送り込んでほしい」と言っていたのが十数年前だったと思います。あるいは、産業界から「学士力」という言葉を突然使い出したと記憶しています。

その頃までは、濱田先生がおっしゃったように、大学教育に期待する部分はまるでなかった。しかし、経済力が低下し、日本企業の余裕がなくなってくると、急に「即戦力で活躍できる学生を送ってほしい」と言われるようになりました。それが問題であるという点には、私自身もまったく同感です。

濱田　課題解決的な学習に取り組み、「考える力」や「自分の知識を問い直す力」が伸びてくるのであれば、それはとても良いことです。しかし、企業や社会への目先の適応能力だけが高くなってもほとんど意味はありません。何より大事なのは、学生が長い人生の中で能力を発揮し、成長し続けられるような力を身につけることです。

課題解決的な学習といっても、大学としての対応には限界があります。昨今の大学は学生をかなり丁寧に育てるようになっていますが、その学生を受け入れる企業や社会の側でも、同じように丁寧に教育を進めてくれれば、なおよいと考えています。

例えば、以前の企業には「多少損失を出したとしても、また次に頑張ればよい」と、前に進むことを貴ぶ風潮があったと理解していますが、今の時代には、そのようなおおらかさが衰えてきたように感じます。

厳しい言い方かもしれませんが、成功を目指すのではなく、失敗をしないような人材に優しくなっているような印象を受けます。このような風潮を変えない限り、日本の社会も企業も大学も、長期的に伸びていく余地はないと私は思っています。

髙宮　東大教授で宇宙工学がご専門の中須賀真一先生は、「失敗が大事だ」と主張されています。宇宙開発のプロジェクトには非常に大きな資金がかけられています。300億円もかかるプロジェクトで失敗するわけにはいきません。そうすると、いかに小さい実験段階で失敗の経験が積めるか。そこが大事になってくるというわけです。

小さな失敗の経験を重ねるために、中須賀先生の研究室は、小さなロケットを打ち上げて、目的の地点に戻ってくるというコンテストに参加しているそうです。失敗してもさほど大きな損失になりませんので、安心して失敗を重ねることができるわけです。日本の教育には、そんな「失敗」が圧倒的に足りない。そのお考えにはとても感じるところがありました。

濱田　学生にハードな経験をしてもらうという意味では、東大でも、多くの体験活動のプログラムを設けたり、国際社会における指導的人材の育成を目的とする「グローバル・リーダーシップ・プログラム」を導入したり、といったことに積極的に取り組みました。このような多様な経験を通して、「自分を問い直す力」＝「考える力」をどんどん伸ばしてもらう。自分が物事を

眺める角度、自分の価値観だけで見てしまうと、どうしても物事の捉え方が狭く、固くなってしまいます。異なる視点や価値観に触れることによって、「今の自分の在り方は違うのではないか」と問い直すことができる。しかもそれを授業の内外で学び、実践していく。それが成長につながると考えています。

もちろん、東大生でも失敗することはあります。それは当然のことです。自分にまるで経験値がない、知らない世界で失敗することに不思議はありません。先ほどのお話にもあったように、失敗する経験はとても大事です。恐れることなく全力でチャレンジし、失敗もすること。それが自らを問い直すことにつながり、「考える力」を育んでくれます。そうした力や経験を社会がどのように評価するのか。この点は今後の日本の在り方にも大きく関わってくる、非常に重要な問題だと思っています。

ちなみに、秋入学への変更を議論している際に、「皆は東大生なんだから、いろいろなことに失敗を恐れずチャレンジすればいいじゃないか」と学生たちによく言っていました。「君らは大学で鍛えられ、しっかり勉強して、非常に恵まれた環境で生きている。だから、失敗してもすぐに立ち直ることができるはずだ」とも話していました。

今まで偏差値至上主義の価値観で生きてきたので、高得点を取らなければいけない、つまり、失敗してはいけない、そんな意識で生きてきた学生も少なくありません。それらを払拭することで、社会に出てものびのびと成長し続けることができる。私はそう思っています。

決して安楽には過ごせませんが、「自らを問い直す力」＝「考える力」を身につければ、意識はおのずから変わっていくものと期待します。そのための場所と機会を提供するのが大学の重要な役割なのだと考えています。

第2章 まとめ

□「考える力」とは「自分を問い直す力」に他ならない。そのためには自分と異なる考え方、生活経験、知識を持った人々との接点を増やすことが重要。

□「考える力」と受験勉強とは矛盾しない。それどころか、大学で「自分を問い直す力」を鍛えるための前提となる基礎学力は、受験勉強によって身につくといえる。

□基礎的な学力がなければ、相手や対象との比較において自分を見直すことができない。アクティブ・ラーニングのような学びが真価を発揮するうえでも基礎学力は必要。

□失敗を重ねることによって「自分を問い直す力」が鍛えられる。これからの社会を生き抜くためにも失敗を成功に変える力が非常に重要になってくる。恐れずチャレンジできる社会環境の整備は、これからの日本にとっての課題といえる。

第3章 学歴との関係から見た「考える力」

～濱中淳子先生との対談を通じて～

濱中 淳子
はまなか じゅんこ
早稲田大学
教育・総合科学学術院教授

1974年生まれ。東京大学教育学部卒。同大学大学院教育学研究科博士課程修了。博士（教育学）。東京大学基礎学力研究開発センター特任研究員、リクルートワークス研究所研究員、大学入試センター研究開発部教授、東京大学高大接続研究開発センター教授を経て、2019年から現職。教育社会学、高等教育論を専門とし、アンケートやインタビューなど社会調査を駆使した分析を行っている。著書に、『大衆化する大学―学生の多様化をどうみるか』（共著・岩波書店）、『「超」進学校　開成・灘の卒業生―その教育は仕事に活きるか』（ちくま新書）、『検証・学歴の効用』（勁草書房）などがある。

対談にあたって

現在、早稲田大学で教鞭《きょうべん》を執っていらっしゃる濱中先生とは、これまでも多くの場面で意見交換をさせていただきました。開成や灘といった「超進学校」出身者にフォーカスし、社会で活躍するために必要な要素を抽出しようとするご研究など、非常に興味深く拝見してきました。

受験勉強に対する社会の意識は、「学歴」に対するそれを背景としています。だとすれば、学歴の問題と正対し研究を進められている濱中先生にも、ぜひともご協力をいただきたい。そんな思いから、今回の対談をお願いする運びとなりました。

このような形で改まってお話しするのはやや気恥ずかしい部分もありましたが、濱中先生ご自身が抱えられてきた葛藤のようなものにも触れることができ、とても貴重な機会となりました。

対談に先立って、濱中先生からは次のようなお考えをいただいていました。

「学歴」には「タテの学歴（大卒か否かなど）」と「ヨコの学歴（どの学校を出たか）」の二つがありますが、いずれにしてもどれほどの「学歴」を獲得できるかは、およそ教科学力によって決まります。そして、周知のように、学歴と出世との間にはプラスの関係があります。

しかしながら、他方で教科学力とは違う次元の「力」があり、その力があるかないかで活躍度合いが変わるというのも確かではないでしょうか。

教科の勉強が得意で、名前が知られている私立の中高一貫校や公立の進学校に進学したものの、友人たちとの間に差を感じてしまう。友人たちは面白く、大事なテーマを見つけ、自ら行動していくのに、自分は何をすればいいのか分からずに、立ち止まったまま……。もしかしたら、親が「中間は?」「期末は?」としつこく訊《き》いてくるため、現状を打破するための一手を打てずにいるのかもしれません。

教育社会学における二つの「学歴」

高宮　まず、濱中先生のご専門である教育社会学では、「学歴」というものを一体どのように捉えていらっしゃるのでしょうか。そこから教えていただきたいと思っています。

偏差値が高いとされる大学や高校に入ることで、「学歴」が得られるのでしょうか。あるいは、入試における偏差値や学校の知名度などではなく、むしろ子どもたちが試験を突破するために払った努力、その努力を通して学んできたことのほうに力点が置かれるのでしょうか。

おそらく、「学歴」という言葉は、使う人によって意味合いが異なると思います。教育社会学では「学歴」という言葉をどのように捉えておられるのか。その点をご教示ください。

濱中　教育社会学では、分析をする際に、「タテの学歴」と「ヨコの学歴」という二つの「学歴」を用いています。

「タテの学歴」とは大卒か短大卒か高卒かといったもので、「ヨコの学歴」は、例えば、同じ大卒であってもどこの大学を卒業したのか、旧帝大卒[※6]なのかどうか、といったものになります。大学進学率は今でこそかなり上昇しましたが、それでも6割ほどです。つまり、大学に進学しない／できない人も少なからずいるわけで、社会問題の観点から学歴を扱う研究者は「タテの学歴」に注目します。

他方、学歴がもたらす効果などを詳しく分析する際には、「ヨコの学歴」を用いるケースも当然にあります。

高宮　近頃は、「入試などの試験に向けて一生懸命頑張る」という姿勢に対して、「詰め込み式の受験勉強は、むしろ子どもたちにとってマイナスだ」と疑問視する声があることは、濱中先生もご存じの通りかと思います。あるいはもっとシンプルに、「脱偏差値」を目指す、という話を聞くこともあります。

例えば、東大卒でも社会に出ると「使えない」などといった話をよく耳にします。確かに、事実としてそのような人がいることも理解しています。しかしそれは、東大に限った話ではないかもしれません。

※6　旧帝国大学とも言う。東京大学、京都大学、名古屋大学、東北大学、北海道大学、大阪大学、九州大学の七大学が該当する

また、これは「ヨコの学歴」を重視して採用したいと考える企業などの理屈とも重なりますが、平均的に見れば、大学入試という一つのハードルを乗り越えてきた人たち、そうした仲間との切磋琢磨の中で学んできた人たちは社会でも活躍できる力を身につけている＝「使える」との考えもいまだに多くあります。

私としては、偏差値云々《うんぬん》を語る以前に、将来を生きるうえでの基礎となる知識をしっかりと身につけること。そのためにしっかりと勉強すること。その大切さを、できるだけ誤解のないように伝えていきたいと考えているのですが、前者のような考え方、「東大卒は使えない」というような研究は存在するのでしょうか？

濱中　お答えする前に、髙宮さんのご関心について一つ確認させてください。「学歴だけでは勝負できない事実」「東大卒は使えない」といった点から拝察すると、髙宮さんは「学歴」と「学歴では測ることができないもの」の二つを想定されているのだろうと理解したのですが、それで合っていますか？

髙宮　はい。まさにその通りです。

濱中　現状の入試制度について言うならば、以前と比較して多様化したとはいえ、東大をはじめとする難関大学では、今でも一般入試が中心になっています。ここから、そのような大学に進学する人は「教科学力に強い人」と見ることができます。

他方、もう一つの「学歴では測ることができないもの」というのは、教科学力の裏返しと言うべき力で、ここではそれを「非教科学力」としておきたいと思います。あるいは、対談のテーマに即して言うならば、「考える力」としてもよいでしょう。

こうした二つの観点が出てきたとき、私たちはそれを掛け合わせて考えてみます。「学歴が高い／低い」と「考える力がある／ない」といった2つを掛け合わせると左の図のような形に整理することができます。

この四つのタイプの中で、昨今議論のポイントになっているのが「タイプ2」です。もう少しかみ砕いて言うと、「言われたことをやるのは得意で、教科学力は高い。しかし、考える力には欠ける」タイプです。

高宮　正解が一つしかない問題は解ける、との言い換えも可能ですか?

濱中　可能です。今回の企画の概要を伺ったとき、おそらくタイプ2を巡る話になるだろうと想像していました。そして、仮にそうなるとしたら、タイプ2の具体例

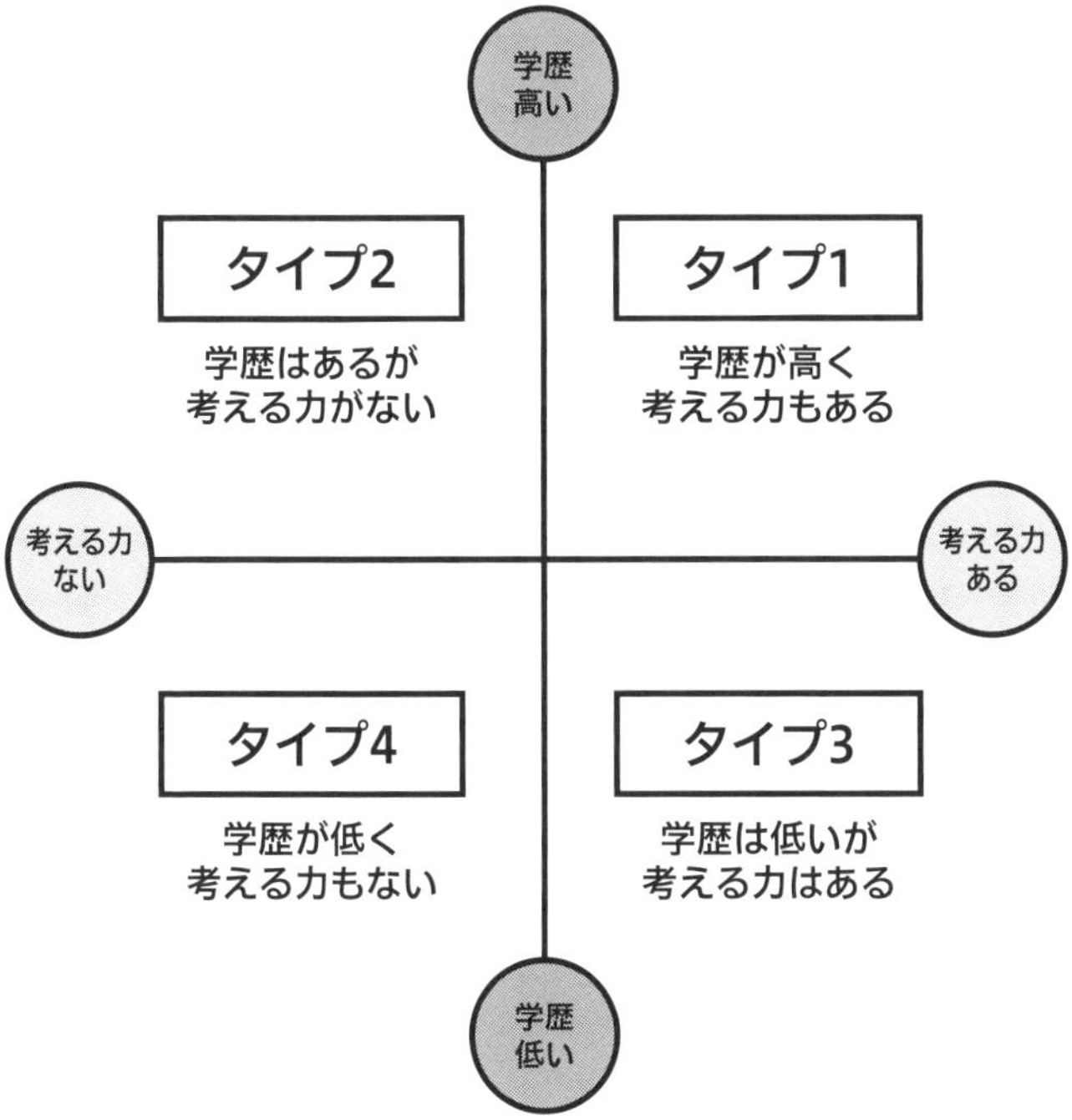

上図において、「学歴」≒「教科学力」、「考える力」≒「非教科学力」と考えることができる。昨今、議論になるのは、タイプ2を巡る評価といって差し支えない。

この図から分かるように、「考える力を育てる」＝「教科学力の否定」ではない点は非常に重要である。

があれば議論も明快になってさらによいだろうと思い、「誰かいないか」と考えを巡らせたのですが、ピッタリの事例を見つけました。

高宮　どのような事例でしょうか?

濱中　私です。

高宮　それは驚くと同時に、大変興味深いです。

濱中　「学歴はあるが、考える力がない」のは、まさに学部時代の私です。大学院に進学する前の私には、東大卒という学歴だけはありました。でも、それだけでした。

私は地方の公立高校出身で、高校時代を過ごしたのは1990年代の前半です。この高校時代が、文字通り受験勉強、教科の勉強に打ち込み続けた3年間でした。最初から東大を意識していたわけではなく、「東大に行けたらいいな」くらいに、漠然と意識していた程度です。苦手な教科もありましたので、高校1年生の頃は、まったく別の大学を志望校としていました。

それでも、個別の進路指導の際に担任の先生から「東大を目指しなさい」と言われたんです。後になってクラス全員がそう指導されていたことを知るのですが、いずれにしても「東大を目指せ」「一番を目指せ」ということはよく言われました。私も自分自身の偏差値を眺めては、「本当に目指せるのかな」などと考えながら、先生から与えられる目の前の課題を一生懸命こなしていました。

このように、ただテストで点数を取れるようにする。偏差値を上げることだけに専念していた。それが高校時代の私です。

私が教育を受けた時代には、探究学習などありませんでした。あったとしても、当時の状況から想像すると、「考える」ことに自ら時間を割いたとは思えません。その意味では、今の高校生たちのほうが、当時の私よりはるかに「考える」ことにチャレンジしているように思います。

ちなみに、先ほどの私自身の「構え」のようなものは、大学に進学してからも、しばらく変わることはありませんでした。

「考える力」と時代背景

高宮　学歴や学力、あるいは学び方には、時代背景なども関係してくると思います。時代は少しさかのぼりますが、共通一次試験がスタートしたことで、大学の「序列化」がしやすくなりました。

これは大学ではなく予備校の目線にはなりますが、共通一次試験をきっかけとして、大手予備校が全国展開を始め、言葉を選ばずに言えば「情報戦」がスタートしたわけです。このような経緯の中で、「偏差値」という言葉が頻繁に用いられるようになりました。

次のターニングポイントは、いわゆる「バブル」前後の時期です。この頃は18歳人口が多かった時期で、１９７２～１９７４年生まれが２００万人を超えていました。この世代が大学を受験するのが、１９９０～１９９２年です。

濱中　その時期は確かにそうでしたね。

高宮　この頃は地方の大学の定員が今よりも少なかったので、地元に残る確率が結果的に一番低くなってしまいました。地元に残りたいと思っても定員が少ないので、生まれ育った土地を出て大学に進学しなければいけない。こうした状況の一方で、世の中はバブル景気で浮き足立っていました。

このような時代背景があったからこそ、「地元を離れて少しでも良い大学へ」、もちろんここでいう「良い大学」とは偏差値の高い大学を指しているわけですが、そのような風潮が強くなっていたのだと考えることができます。

濱中　とても興味深い分析です。

高宮　ところで、先ほどのお話の続きに戻って、もう少し濱中先生ご自身のことをお聞かせいただきたいと思います。

濱中　高校の先生方の熱心な指導などに恵まれて、とりあえず受験をクリアする力は、何とか高校3年生の2月までには身についたということだったのでしょう。無事に大学受験をパスし、地元を離れて4月から東大の駒場キャンパスに通い始めました。当初は新しい環境に心躍っていましたが、徐々に「勝負することができない場面」を幾度も経験することになります。

高宮　「勝負できない」という実感があったのでしょうか。どのような経験を通じてそうお感じになられたのか、とても興味があります。

濱中　端的に言うと、周囲の議論についていけない。「これは別の形に言い換えが可能だよね」「この問題の本質はここだよね」といったレベルの会話が私の周りでいつも飛び交っていて、その議論の輪の中に入っていくことができない。だから、私はいつもニコニコ笑ってその場に座っている。そんな感じでした。

高宮　クラスメイトとの話に溶け込めない、という感じですか？

濱中　溶け込めなかったわけではないんです。くだらない話もしましたし、普通に遊びにも行きました。楽しい時間もたくさん過ごしました。ただ、難しい話になると途端に口を開かなくなるだけです。

東大では、3年生から専門の学部に進みます。そうなると、ますます「勝負にならない」自分を痛感するようになりました。特に少人数の授業では発言することができず、ニコニコして座っているだけの虚しい時間でした。

高宮　自分の中に「答え」がないから、口を開けなかった。そんな感じですか？何を言えばいいのか分からない、とでも言うのでしょうか。

濱中　そうです。「私は、何も疑問に思うことがないまま育ってきたのでは」と感じましたね。

高宮　今風の言い方をすれば、クリティカル・シンキングを活用して、批判的に問いを立てることができなかったということですか？

濱中　今の社会の何が問題なのかさえも、きちんと分かっていませんでした。まさに先ほどの図（117ページ）でいう「タイプ2」ですよね。授業などで交わされている議論を面白いと感じることはできるんです。面白いから、その場にいることは苦でも何でもない。聞きたいと思うからこそ、その場にいるわけですが、自分から何かのアクションを起こすことはありませんでした。

高宮　周囲の議論に入っていって自分の意見を主張するわけではなく、議論自体を楽しむ。そのような学びになってしまっていたと。

濱中　「今日も勉強になったな」と思って帰るという感じでしょうか。ひたすら、受け身の構えで授業を受け続ける、みたいな。

高宮　教育社会学の専門の授業が始まって、内容自体は面白いからノートも取って、「ああ、楽しかった。勉強になった。以上」ということですか？

濱中　そうですね。ただ私の場合は、幸運なことに大学院で学ぶ時間がありました。大学院では指導がさらに密になりますし、そのおかげで少しは「考える」ことができるようになったと思います。仮に大学院へ進学せず学部だけで終えていたら、「使えない人」で終わっていたかもしれません。

高宮　「考える力」を身につけるには、一見すると無駄に見えるかもしれないけれど、「ボーッ」としたり、一つのことをじっくり考えたりする時間も大事ですよね？

濱中　とても大事だと思います。実際のところ、大学の卒業論文や卒業研究を経て成長する学生は多いです。一つの問いについてじっくり取り組んだからこそ、多くを得ることができたのだと考えています。

一つの問いを追究していく中では、さまざまな疑問にぶつかります。「そもそも、どうしてこの問いを立てたのか」「この方法で分析を進めて本当に大丈夫なのか」「こういう説明で理解してもらえるだろうか」「どう説明すれば効果的か」など。こういった問いと納得いくまで取り組む経験には非常に大きな意味があります。

髙宮　以前、ハーバード大学で開催されたプログラムに協賛して、日本の高校生と一緒に行ったのですが、皆アンテナも高く、優秀な子どもたちでしたが、さまざまなことを見聞きする中で、「常に忙しくしていないと落ち着かない」という子がいた点がとても印象に残っています。

そういう子たちは意欲的で好奇心が強い。充実した高校生活を送って、引き出しがたくさんある。そんな高校生たちを、うらやましく思いました。

とは言いつつ、私は学生時代、野球ばかりやっていました。その経験を通じてではありますが、「何かにぶつかったときに逃げない」ということだけはしっかり教わってきていました。壁にぶつかったとき、どうすればいいのか分からなくなったとき、それでも諦めない。何か一つに打ち込み、しっかりとした軸をつくることが、私自身も非常に大切なことだと考えています。

濱中　今のお話を伺うと、髙宮さんにとっての「野球」はご自身の立ち位置を見直し、つくり出すための役割を果たしていますよね。髙宮さんのようにスポーツだったり、あるいは音楽だったり、そういった何かに打ち込んだ経験が自信につながり、行動の土台になるというのは素敵なことだと思います。

それに関連して、何か物事を考える際の土台というものもありますよね。私はそうした土台のことを「軸足」と呼んでいますが、ここで一つ付け加えるとすれば、入試までは教科の勉強を頑張って、さらに大学で自分が学びたい専門に打ち込む。それは「軸足」の形成につながります。

現在の社会問題は非常に複雑です。どの問題でも取り組む際には多面的な視野が必要になりますが、そういったときはむしろ、自分自身の「強み」があったほうが議論に参加しやすいですね。自分は法律の立場から考える。経済の面から考える。社会における人々の関係性から考える。あるいは、心理から、技術の問題から考える。こうした「軸足」があったほうがやりやすいわけです。言い方を換えれば、その問題に余裕を持って取り組むことができるようになると考えています。

髙宮　確かに、濱中先生のおっしゃる「軸足」がないと、議論に参加することは難しいですよね。自分が活躍するフィールドを選ぶという点でも、「軸足」という観点は非常に大事になってくるのではないでしょうか？

濱中　私もそう思います。フィールド選びにも「軸足」は効果があると思います。「軸足」がないとさまよってしまう可能性が高くなり、それは非常に「キツい」ことだといって差し支えありません。

いかにして「学歴」と「考える力」は結びつくのか

もちろん「学歴」にもメリットが多くあります。そこに「考える力」がしっかり結びつくことで、メリットはどんどん大きくなっていくものと言えます。この点に関して、濱中先生は事前に次のように述べられていました。

「学歴」のメリットはいくつか挙げられますが、その中の一つに、「自分自身を高めてくれるネットワークに入りやすい」といったものがあります。知的な刺激にあふれる集まりを知るチャンスが多く、どこかの集まりに入ると、紹介がさらなる紹介を呼ぶといったようなことも頻繁に起きます。ただ、そのメリットをどれだけ活かすことができるのかは、「考える力」をどれほど持っているかに左右されます。

「考える力」があれば、そのネットワークでの議論に参加しやすく、何より議論を楽しむことができます。そして、相手にも興味を持ってもらえるようになります。

「学歴」は「考える力」と結びつくことで、仕事の可能性はもちろん、活動の範囲を広げることにつながります。

濱中　先ほどもお話ししたように、学部時代の私は、「学び＝問いに対する答えを吸収すること」という地平を越えることができませんでした。

髙宮　それが変わっていったのには、何かきっかけがあったのでしょうか。

濱中　先ほども少し触れましたが、やはり大学院に進学したことが大きいですね。

髙宮　大学院の授業が学部時代と違っていたのか。それとも、学部の後半のものと基本的には一緒であるけれども、濱中先生ご自身が変わって何かを見つけることができたのか。どちらだったのでしょうか？

濱中　まず、専門の学部に進んだ大学3年生、そして4年生のときのことから話をすれば、やはり大きな変化は少人数の授業を頻繁に受けるようになったことだと思います。わずか十数名ほどの学生を相手に一流の先生方が本気で授業をしてくれる。そこで先生方が口にする一言一句が心に突き刺さり、それまでの甘い理解、「常識」的な考え方を大きく揺さぶってくれました。

とはいえ、そもそも私はマイナスからスタートしたようなものですから、授業で得たことは、揺さぶりまで、だったような気がします。実際のところ、すでに「考える力」を身につけていた友人たちは、私より遥か先を行っていました。学部の後半は「うらやましいな、私もそうなりたいな」とばかり思っていました。

しかし大学院に進学すると、文系の場合は、徒弟制のような指導に変わります。少人数どころか、一対一の指導です。黙って座っているだけなど、もはやできない世界です。

厳しいご指摘を受けて、文字通り涙を流したことも多々ありましたが、徹底してトレーニングをしていただける。修士課程、博士課程と、そのような濃密な時間を過ごす中で、何とか「考える力」がどのようなものか、少しは分かるようになった。正直に言うとそんなところでしょうか。

私個人としては、「考える力」は究極的に徒弟制というか、じっくり対話をする時間を持つ中で開花すると思っています。影響を受ける相手については、先生はもちろんのこと、友人でもいいと思います。大学に進学し、良い教員や良い友人にどうやって巡り合い、いかに時間を共有するかが大事だと考えています。

髙宮　「徒弟制」による厳しいご指導があって「考える力」が身についた。そんな理解で間違っていませんか？

濱中　はい。どうやったら先生に「なるほど」「面白いね」と言ってもらえるか。それればかりを考えていた大学院生時代でした。でも、そうした経験があったからこそ「考える力」が育まれたのだと思います。

「問いを立てる力」を身につけるのは難しい

髙宮　ここからは、少し角度を変えて濱中先生が学生たちに厳しく要求することについてお尋ねします。

例を挙げると、「問いの立て方」「テーマの選び方」「実証するためのエビデンスの収集方法」、あるいは「リサーチの手法」といったスキルはそれぞれに異なるものだと思うのですが、濱中先生はどの点を厳しくご指導することが多いのですか？

濱中　全部です（笑）。

高宮　問いの立て方からリサーチデザインまで、全て！

濱中　個人的に「リサーチデザイン」は、トレーニングでどうにかなるものだと思っています。勉強すれば合格点をもらえる程度にはできるようになる、いわゆるスキルというものです。少なくとも私の中ではそのような位置づけです。

高宮「リサーチデザイン」は方法論だと。

濱中　スキルだから学べば何とかなりますが、しかし「問いの立て方」は難しい。正直なところ、私は今も「良い問いを立てる」ことができている自信はないです。もちろん、論文や書籍を書いた際には、お世話になった先生方にお送りはします。ですが、今でも送るのが怖いです。

高宮　何を言われるか分からない？

濱中「また馬鹿な問いを立てて」と怒られるかもしれない。そのことへの恐怖心が常にあります。それくらい、「問いを立てる」という行為は難しいことだと思っています。

私がお世話になった先生のお名前をお一人だけ挙げさせていただくとするならば、矢野眞和《まさかず》先生（東京工業大学名誉教授）になります。矢野先生はよく「問いを10個作って持ってきてごらん。そうすれば良い問いが一つくらいあるだろう」とおっしゃっていて、実際に10個持って行ったことがあります。それなのに、結局「うーん……、一つもないね」と言われてしまって（苦笑）。

それと同じことを、今は私が学生にしています。中には、初めての10個で面白い問いを作ってくる学生もいます。しかし、ほとんどの場合は、「ああ、やっぱり問いを作るのって難しいんだな」と考えさせられる状況ですね。

このような状況を打破するには、やはり対話以外に方法はないと考えています。先生や友人と対話する時間をできるだけ多く持つこと。そうした時間の中で、学生は成長していくのだと思います。

髙宮　その意味で、「問いを立てる力」というのは、今回の対談のテーマでもある「考える力」とつながる部分が多くありますよね。

濱中　ありますね。さらに言うと、「問いを立てる」際に大きなヒントとなるのは先人たちの取り組みです。これまで「いつ」「誰が」「何を目的に」「どのような」問いを立ててきたのか。それらの知識が、「問いを立てる」際の道標になります。

だからこそ、「考える力」も大事ですが、勉強も大切なわけです。

髙宮　ここまでのお話を整理すると、問いに対する実証の仕方は、ある程度訓練を重ねればスキルとして身につけることができる。しかし、問いを立てること自体は決して簡単ではない。単に「考える力」があれば問いを立てられるわけではなく、道標となるべき「先人たちの取り組み」を知識として身につけておく必要がある。

濱中先生は、大学院に入ったことで、こうした点が分かるようになってきた。つまり、大学院への進学が先生ご自身を成長させた。そんな実感は、当時あったのでしょうか？

濱中　少しマシになったと思いました。大学院修了後はリクルートワークス研究所、大学入試センター、東京大学、そして今の早稲田大学と職場を変え、それぞれ違うテーマで研究に取り組んでいますが、働く場所がどこであっても、研究のテーマがどのようなものであっても、「たぶん大丈夫だろうな」とは思っています。楽観的すぎるところはありますが、「何かはできるだろう」と。

髙宮　まだ少し不安は残るものの、「他の場所でも働くことができる」という自信が出てきた。これまである程度掘り下げてきたテーマとは異なる研究だったとしても、掘り下げ方自体は分かっている。だからこそ、「やれる。できる。働ける」。そんな実感が生まれたということですね。

濱中　問いを立てることとは、自信はないながらもこれまでやってきたことなので、まずは取り組むテーマの現状を把握する。そして問いを探り、それを定めることができたら、どのように調査すればよいのかという段階になります。そこまでいけば、もう大丈夫だと思っています。

髙宮　新しいフィールドに行っても、そのフィールドがまずどうなっているのか、物事の捉えどころが分かるようになってきたということですね。

濱中　教育ではない仕事も少しやってみたいな、という軽口が叩けるぐらいにはなったかな、と思いますね。そんなことを言ったら怒られそうですけど。

「探究学習」と教科学力

昨今、小中高を問わず「探究学習」の取り組みが進んでいます。この探究学習と「考える力」、さらには大学での「学問」の関係についても、あらかじめ濱中先生にご意見を伺っていました。

現在の小中高で、思考力を育むための取り組みがなされています。「探究学習」もその一つです。思考力、ないし「考える力」と呼ばれる力を伸ばす機会は、たくさんあったほうがよい。受け身の、学びだけの時間を過ごすより、ずっといいと思います。

とはいえ、小中高までの「探究学習」と、大学で取り組むことになる「学問」との間には、やはり大きな差があります。

「探究学習」での経験をベースに、大学で「学問」に触れ、両者の違いを知り、そのギャップを乗り越えようともがく中で、「考える力」は大きく成長すると私は捉えています。専門が定まるという点でも「学問」は大事ですね。

高宮　ここからは、「探究学習」についても少しお話しいただきたいと思いますが、今の大学生は、これまでどのように探究学習に触れてきたのでしょうか？

濱中　私は早稲田大学の学生の状況しか分かりませんが、学生に「探究学習」の経験を聞いても反応は薄いです。もちろん熱心に取り組んでいる高校もあるでしょうが、そうではないところも少なくないのかな、という印象です。

高宮　これは高校に限らず、予備校でも同じことが言えるのですが、個々人が自分に合った学び方を選択し、自主的に学習を進めるやり方では、探究する力が身につく一方、どうしても教科の力が追いつかなくなってきてしまいます。

そうなれば、一般入試では合格が難しくなってくるので、総合型選抜などの方向へシフトしていかざるを得ません。とはいえ、学校側は入試に向けて生徒一人ひとりの学力を正確に把握する必要があります。生徒もまた、他者との比較における自分の学力の位置づけをしっかり認識しておかなければなりません。そこで模擬試験を実施します。しかし、今度はそれが難しすぎるという話が出てきます。

これまでいろいろな学校でお話を伺ってきましたが、探究学習側に振り切ると、今お伝えしたような課題が出てきます。極端な例としては「好きなことしかしない」「探究型だから嫌いなことはやりません」といった不満を述べる生徒も出てきます。教科の力を測ろうにも測れないことが多いので、保護者が不安になります。そこで「模試を受けさせたい」という話になってくるわけです。

これらの声も踏まえたうえで、濱中先生が探究学習をどのように捉えているのか。そこをぜひお聞きしたいです。

濱中　探究学習の話は、学生よりも高校の先生から聞く機会のほうが多いのですが、とても良い取り組みだと思っています。知りたいことに突き進む生徒さんの話は、本当に微笑ましいとさえ感じます。

しかし、高校での探究学習が「考える力」を大きく伸ばすかといえば、必ずしもそうとは言い切れないとも考えています。中には「これぞ探究学習！」というような深い学びの機会を与えている高校もあります。だからといって、必要以上に期待を寄せるのもどうか、といった感じでしょうか。

高宮　探究学習だけが学びの全てではないと？

濱中　小中高で扱える範囲や探究学習に充てられる時間、あるいは、施設・設備などの制約の問題は大きいですよね。どうしても限界というものがあるように思います。

全ての生徒が大学に進学するわけではないので、悩ましいところではありますが、やはり「考える力」を本格的に伸ばす場は大学だと思います。何より、小中高では探究学習以外にやるべきことも多いのが現実です。

高宮　小中高という時期は基礎的な学力をつける期間と考えてもいいのではないか。そこで身につける基礎的な学力という土台がないのに、探究学習をしなさいという考え方には、無理があるだろうということですね。

濱中　探究学習の良い面は、学部時代の私のような大学生が生まれるのを防ぐ点にあると思っています。

大学に入る前に、世界のどこにどのような問題があるのか、そのような知識が提供されるだけではなく、自分たちで調べ、感じるという作業を経験しておくことは重要です。その経験があれば、大学で社会問題を扱う議論にも参加しやすくなる、むしろ参加したくなるのではないでしょうか。

ただ、大学で何かの問いと本格的に向き合おうという段階になったとき、つまり、先行研究を調べ、データを集めて分析し、発表する。またはレポートや論文としてまとめようとするとき、必要になるのは教科学力です。数学や英語の力、もちろん国語の力も必要になってきます。

教科学力が乏しいため十分な分析ができない。分析結果を適切に表現できない。そんな場合でも、「可」や「C」といった成績で単位はもらえるかもしれません。最終的に大学を卒業すること自体はできると思います。でも、そのような4年間、ないしは6年間を過ごすというのは、明らかにもったいないですよね。

髙宮　少し前に、銀行勤めをしていた頃の仲間と久しぶりに話をしました。そこで思い出したのが「石の上にも三年」です。上司から下積みの修業期間は必要だと教えてもらっていましたし、自分でもそう感じていました。しかし、最近ではそれがなくなって、すぐに問題の「答え」がほしい。世の中を見ていると、そのような感覚が年々強くなっているのかな、という感じがしています。

濱中　その傾向は私も感じています。今の時代は、インターネットを使えば、すぐに「答え」らしきものにたどり着くからだと思います。まさに、ＹｏｕＴｕｂｅやＳＮＳの影響ですよね。

髙宮　少し乱暴な言い方にはなりますが、答えの「見つけ方」だけがうまくなってしまっている。そんな感じがしますね。

濱中　先日、学生たちと教育格差を扱った数百ページの学術書を読んだのですが、ある学生から「先生、この本はただ格差があると言っているだけですよね。どうして一冊もかけて説明しなくてはいけないんですか。しかも明快な解決策が書いてあるわけでもないし」と言われました。ああ、これが現代の若者世代の感覚なのかな、とつくづく考えさせられました。

リーダーを「育てる」必要はあるのか

最近は「将来のリーダーの育成」を教育の目的に掲げる学校が増えてきました。しかし、どのようにしてリーダーシップを身につけることができるのか、そもそもリーダーシップとは何なのか。その答えは必ずしも明確ではありません。リーダーシップを巡る問題について、濱中先生は次のように述べられています。

リーダーシップ論では、リーダーの特徴を二つの側面から説明します。

一つは大きなビジョンを描くといった内容の「課題関連行動」、そしてもう一つはフォロワーがいるといった内容の「人間関連行動」です。もちろん議論はもっと複雑ですが、基本の軸はこの二つだと言っていいように思います。

技術革新が進み、また先行き不透明な時代であることに鑑みれば、「課題関連行動」の重要性は増す一方だと言えるでしょう。

なお、「人間関連行動」に関しては、中高時代にその素養が育まれるという分析結果もあります。伝統校が教科学力以外の重要性を強調する理由は、ここにもあると思われます。

高宮　最近は新聞などで、よく「リーダー、リーダー」と取り上げられています。開成高校など進学校の先生たちも、リーダーについて多くを語られています。

ただ、保護者目線になったとき、本当に自分の子をリーダーにしたいのかなという思いも、正直なところ持っています。商売などをされている家であれば、誰かに跡を継いでもらわなければならないし、リーダーになってほしいとも思うでしょうが、仮に子どもが3人いれば、跡を継ぐのは1人で十分なわけです。誰もがリーダーにならなくてもよいのかなと、個人的には思っている部分もあります。

例えば、東大や早稲田に入ってくる学生たちは、本当にリーダーになろうと思って大学に入ってくるのか。この点についてのお考えをお聞かせください。

濱中　分かりやすく「リーダーになりたい」という目標を語ってくれる学生は、一部ですがいますね。正直、頼もしいと思います。

そういう学生には二つの観点が大切であると伝えています。まずは「課題関連行動」。次に「人間関連行動」です。これはリーダーシップ論の議論になりますが、リーダーには二つの側面が必要で、大きなビジョンを描く力を意味する「課題関連行動」と、自分についてきてくれるフォロワーを形成する力を意味する「人間関連行動」です。

高宮　確かに、「考える力」がないとビジョンは描けませんね。

濱中　だからこそ、「課題関連行動」については、「考える力」を伸ばす大学での学びに期待が寄せられるわけです。

他方、「人間関連行動」については中高時代の過ごし方が重要である、との分析結果もあります。これは開成・灘の両校の卒業生調査データの分析結果になりますが、特に学校行事でのリーダー経験は有益です。必ずしも学校行事に乗り気ではない生徒たちも巻き込みながら、一つのイベントを作り上げていかなければなりません。この経験で得るものは非常に大きいと言えます。

髙宮　傍《はた》から見ていても、その人に「フォロワー」がいるかどうかは分かります。しかし、本人が自覚しているかどうかまではなかなか分かりません。

一つだけ言えるのは、「俺にはついてきてくれるヤツがたくさんいるんだぜ」と言う人ほど怪しい。そんな人には決してついていきたくないですし、何より自分から口にすることではありません。

濱中　確かに「自分にフォロワーがいるか」は、自分自身で評価するものではなく、周りに評価されるべき項目ですよね。

髙宮　やはり、謙虚であるのが一番ということかと。

濱中　まさにその通りですね。

髙宮　学生時代、成績優秀でスポーツ万能、音楽も美術も得意という仲間がいました。でも、下級生からの人望はありませんでした。今振り返ると、他人に対する愛情とか尊敬、リスペクトとでも言うべきものが、その人には欠けていたのかな、と思います。

濱中　武蔵高等学校中学校の校長でいらっしゃる杉山剛士先生が、「リスペクト」という言葉を大事にされ、生徒に伝えていらっしゃることを思い出します。

髙宮　何にせよ、他者への尊敬がないと冷たい印象を受けますし、ふとした瞬間にそれが垣間見えると、不信感さえ生まれてきてしまいます。

どうすれば信頼される人間になれるのか、尊敬し合える関係性はいかにしたら築くことができるのかという点を、子どもたちと一緒に考えることが重要ですね。

濱中　私の専門は教育社会学で、社会学という学問の一つの領域になります。したがって社会学という大枠の中での議論も目にするのですが、今の話の流れで思い出すのが京都大学教授の岸政彦先生がおっしゃる「他者の合理性」です。「他者の行為には他者なりの合理性があるはずなので、その合理性への想像力を絶やすことなく、考え続けることが社会学の役目」ということをおっしゃっています。

しかし、これは社会学だけに限定される話ではないとも考えています。私たちは基本的に自分の経験からは自由になれず、今の環境が当たり前のように思ってしまう。でもそれは幻想にすぎません。他者に対してまず関心を持つ。そして他者と話し、何を考えているのか、理解しようと努めることが大事です。この点は中高時代から磨くことができるところではないでしょうか。

高宮　確かに、その姿勢こそが土台を築くのかもしれませんね。

第3章 まとめ

□「学歴」は教科学力と結びついているが、社会に出てからも活躍するためには、非教科学力とも言える「考える力」が必要になってくる。そして「学歴」と「考える力」の間の相乗効果が、それぞれのメリットをさらに高めていく。

□大学に入学してからの学びを通じて、「考える力」を育むことが期待できるが、それには、土台となるべき「教科学力」が必要になってくる。つまり、どちらの学力も大切である点を理解する必要がある。

□リーダーにとって必要なのは、ビジョンを描く力と他者からフォローされる力の二つである。こうした力の土台には他者を理解しようと努め、尊重する姿勢がある。この力を中高時代から養っていくことが望ましい。

第4章

未来を生き抜くための「考える力」

～藤崎一郎先生との対談を通じて～

藤崎 一郎

ふじさき いちろう

元外交官
日米協会会長
北鎌倉女子学園理事長

1947年生まれ。慶應義塾大学経済学部在学中に外務公務員Ｉ種試験に合格。1969年、同大学を中退して外務省に入省。米国ブラウン大学、スタンフォード大学院にて研修を受けた後、OECD代表部一等書記官、在英大使館参事官、北米局長、外務審議官などを経て、2008年、駐米特命全権大使に就任。退官後の第二の人生では教育研究関係にも携わり、上智大学特別招聘教授・国際戦略顧問、慶應義塾大学特別招聘教授、中曽根平和研究所理事長を務めた。2022年、瑞宝大綬章受章。著書に『まだ間に合う 元駐米大使の置き土産』（講談社現代新書）。

対談にあたって

Volatility（変動性）、Uncertainty（不確実性）、Complexity（複雑性）、Ambiguity（曖昧性）の頭文字を並べた「ＶＵＣＡ《ブーカ》」が、予測が困難な現代を象徴する言葉として使われるようになりました。

先行きが不透明な未来を意識したとき、外交というまさに「ＶＵＣＡの世界」で活躍されてきた藤崎一郎先生のお顔が私の心に浮かびました。

そこで対談をお願いすると、藤崎先生は快くお引き受けくださったので、思い切って本書のテーマそのものをぶつけさせていただきました。

昭和の激動の歴史から平成の政治の裏面の一部に至るまで、フランクにお話しいただいた藤崎先生のお言葉には、考えさせられることがたくさんありました。さまざまな面で世の中が不安定になっている今だからこそ、藤崎先生の言葉はさらに重みを増し、耳を傾ける私たちに多くのことを示唆していると思います。

対談に先立ってお願いした、未来を生き抜くための「考える力」とは何かという問いに対して、藤崎先生は次のようにおっしゃっています。

本やメディアに登場する権威の言うことを鵜呑《うの》みにしたり、すぐに引用したり、事実を羅列したりせずに、自分の頭で議論を組み立てることです。「誰々が言っています」「ここに書いてあります」などといった言葉を並べるくらい、つまらない議論はないと思います。

大切なのは、自分自身で「ちょっと待てよ」「なぜだろうか」と常に考えを巡らせることです。状況を的確に判断して、他にどんな選択肢があるのか、そして、それらのプラス面／マイナス面は何かを自分自身で考えることです。

右の言葉に代表される藤崎先生のお考えを、今回の対談でじっくり伺いました。子どもたちが未来を生き抜くうえで必要となる「考える力」。それが具体的にどんな力なのかを、ワクワクしながらお話を伺い、一緒に考えさせていただきました。

「考える力」とは

髙宮　答えが一つに定まらない例として「平和は大事だ、戦争には反対だ」というケースを挙げることができます。しかし、現実には今、ウクライナとロシアの間で戦争が起こっています。北朝鮮からはミサイルが頻繁に発射され、尖閣諸島問題、台湾有事も決して絵空事ではないわけです。

「決して武力行使の放棄を約束しない」と隣国が主張する中、私たちはどのように対処すべきなのか。それを子どもたちに教える場面までを想像すると、非常に難しいところがあると痛感しています。

藤崎　二つのことが大事です。多くの人が「まさかそんなことが起こるはずがない」と思っていることが、ロシアのウクライナ侵攻のように、目の前に現実を突きつけられました。だからこそ十分な備えを、意識の面でもしておくことが重要だと思っています。

これまで日本が取ってきた路線を踏襲すればよいわけですが、レベルは上げていかなければなりません。防衛費を増額すべきだという人が増えてきています。2022年5月に毎日新聞が実施した世論調査では70％、同年10月に実施のNHKの調査では55％の人が、このような立場でした。

次に、今の世界ではどの国も自国だけでは国を守り切れないということです。今回、フィンランドとスウェーデンという、それまでは中立的であった北欧の二つの国が、アメリカとの同盟を基礎とするNATOへの加盟を決断しました。日米同盟を結んでいてよかったと多くの日本国民が思っているのではないでしょうか。

また、アメリカの新しい安全保障戦略を見ても、尖閣諸島問題は日米安全保障条約の対象であることが明確に述べられています。

髙宮　尖閣諸島問題の重要性に関する質問なのですが、アメリカが地図を俯瞰《ふかん》して「うん、やっぱり大事な問題だよね」と理解したのか、それとも日本側から「尖閣諸島問題はとても重要ですよ」というのをアピールし続けているのでしょうか。

藤崎　後者です。1990年代の途中まで、アメリカの尖閣諸島に対する認識は、「これは我々の関与すべき問題ではない」というものでした。当時の駐日米国大使も、国務省の次官補、日本でいう局長クラスも皆同様のことを述べていました。

それが、国防省のキャンベル次官補代理が「尖閣諸島は当然日米安全保障条約の適用対象だ」と読売新聞のインタビューで述べ、その記事が一面に掲載されたあたりから、アメリカの態度が変わってきました。国務省の正式な見解でも尖閣諸島は日米安全保障条約の対象となり、ついにはトップレベルでも、オバマ大統領が２０１４年４月25日に安倍総理との共同声明の中で明言するに至ったのです。

これはまさに、日本がアピールを続けてきたからに他ならないわけです。

高宮　なるほど。そんな背景があったんですね。

藤崎　私たちにとっては非常に大事な話です。

高宮　こういったことを、私たち大人が関心を持ち、問題の本質を正確に理解して、子どもたちにもしっかりと伝えていかなければならない。それを実感しました。

藤崎　一定の防衛力は保持しなければなりません。それがどの程度かは、その時々の状況によって変わります。

東日本大震災の後、例えばドイツは原発をやめるという政策に転じました。でも、

大きな国のかじ取りを一気に方向転換するといろいろな問題が生じてきます。他国へのエネルギー依存度増大なども含めて、リスクを丁寧に説明しながら、最適解をしっかりと探していかなければならないわけです。

高宮　仕事をしている中で、できるだけ使わないようにしている言葉があります。「〇〇しかない」というフレーズなのですが、組織で仕事をしていると、かなりの頻度で登場すると感じています。

まさに「一点突破」のような意気込みで注力するのも大事だとは思うのですが、それでも、「〇〇しかない」にはやはり、思考停止のリスクが高いと言えます。

藤崎　まさにおっしゃる通りです。大切なのは、多くの選択肢のプラスマイナスを瞬時に比較衡量し、最もマイナスが小さい選択肢を見極めることです。それが「考える力」に他なりません。「〇〇しかない」は「信じる力」であって、「考える力」

ではないんです。

例えば、山本五十六《いそろく》連合艦隊司令長官は人気があります。ですが、ある意味では、「アメリカの出鼻をくじいて戦意を喪失させる」という、リスクの高い作戦を自らゴリ押しして日本を危険にさらした、と見ることもできるわけです。このような危ない賭けに出たことは、「この方法しかない」と信じてしまった結果だと、私は考えています。

髙宮　間違った判断で道を誤る。怖いことですね。

藤崎　太平洋戦争時の政府や軍部には、周りに担がれる神輿《みこし》に乗ったり、経緯にとらわれて無理な作戦を決行したりした事例も決して少なくありません。そこにはやはり、「これしかない」という思考停止がありました。そのような過ちを繰り返さないことが必要なのです。

髙宮　戦前・戦中の話に限らず、物事を伝える側の責任も大きいですよね。伝えることは、読み手に一定の印象を与えることですから。

それでも、答えが一つに定まらない問題について、自分自身の意見をしっかりと持つ大切さを伝えるには、多少、政治的な話題も取り上げることがよいのでしょうね。そうしないとなかなかピンとこないですから。こうした点もしっかりと伝えていく、そして考えさせていく。その重要性を教えていただいた気がします。

「考える力」には「伝える力」も重要

冒頭でも触れた事前のアンケートの中で、藤崎先生は、「考える力」には「伝える力」も重要であるということを、次のように述べられています。


「伝える力」とは、自分の考えを口頭または文章で明確に述べる力です。ただ、相手に聞いてもらうためには、一方的に話すだけではなく、相手の言うことを聞きながら、そのうえで話すという姿勢が大事です。

相手にも伝えたいメッセージがあるはずなので、それを聞き取ることが必要です。

誰も自分の話ばかりする人とは、好んで話したいとは思わないでしょう。相手に

「この人は自分に関心を持ってくれている」と思われること、好感を持ってもらうことが大事です。

これまで海外赴任する人に向けた研修で話してきましたが、相手の国に赴任し、人に会ったらまず、「日本文化の発信だけをしないこと」と言っています。伝える、もしくは「伝わる」ためには、「この人と会うのは面白い」「だからまた会いたい」と思ってもらう必要があります。自分の話ばかりしていてはいけません。

しかし、自分の考えを持たない人の話も、誰もすすんで聞きたいとは思いません。相手の話に耳を傾け、自分の考えを自分の言葉で述べる、そのような姿勢を示して初めて、また会いたい、話したいと思われるはずです。

藤崎　今、伝えることの大切さというお話がありましたが、それに関連して少し思うことがあります。企業にお勤めで海外赴任される方とお話しする機会があって、そんなときにはいつも「赴任する国のことに関心を示す」ことが大切だと強調してきました。

例えば、来日したアメリカ人が「自分はステーキやハンバーガーしか食べない」と言ったらどう思いますか？　どうぞご勝手に、と思うでしょう。

他方、「おいしい日本食のお店を教えてほしい」とか「東京近郊で、1泊2日で行ける観光名所を教えてほしい」などと訊いてきたらどうでしょう。「どの店がいいかな。あるいは箱根かな、日光かな」と一緒になって考えます。さらに相手のニーズを深掘りし、最適な答えを探し求める。そこにコミュニケーションが生まれます。「じゃあ、まずは一緒にラーメンを食べに行こう」などといった交流に発展するわけです。

お互いをよく知るには、相手に関心を持つことが大事です。一方的に発信すればよいというものでもありません。相手のことを考え、そのうえで最適な言葉を選び、伝えていく。ここを外してはいけないと思っています。

高宮　なるほど。例えば今、日本の良さをアピールするためのテレビ番組があって（本当に良さを伝えているのかどうかは微妙なところもありますが）、外国の方を連れてきて喜んでもらっている。そんなのは伝え方としては良くないわけですね？

藤崎　はい。こちらから一方的に伝えるのではなく、まずは相手に関心を持つこと。人間関係全てに言えることですが、自分の話ばかりする人、いつでも自慢話ばかりする人とはお近づきになんかなりたくないですよね。それと同じです。

髙宮　話はまったく変わるのですが、2022年秋に、慶應義塾高校の校長が阿久澤武史先生に替わられたとお聞きして、高校時代のエピソードを思い出しました。

ある日、地理のベテランの先生が、授業が終わる間際に、多国籍軍[※7]による空爆が始まったと静かに話されました。それを聞いたクラスの雰囲気が、なぜか異様に盛り上がったということがありました。高校1年生の男子にとっては、「正義の力でやってやる」みたいなイメージに興奮していただけなのだと今では思うのですが、そのときに、その地理の先生がとても悲しそうな顔をされていまして。それがなぜか今でも強く記憶に残っています。

藤崎　こいつら何なんだ、と思われたんでしょうか?

髙宮　戦争が拡大することへの懸念もあったと思いますし、我々の幼稚さにがっか

※7　1991年1月17日に、アメリカを中心とする多国籍軍がイラクへ空爆を開始し、湾岸戦争が開戦。前年にイラクが侵攻したクウェートを解放することを目的としていた

りしたのかもしれません。それでも、「戦争は悲惨なんだから」といった説教じみた話は一切ありませんでした。今の自分があの席に座っていたら、もっと違うリアクションをしただろうと思います。

校長になられた阿久澤先生は、当時現代文の先生だったのですが、私たちのことをとても大人扱いしてくれた印象が強く残っています。常にしっかり見守ってくれている、と実感できる雰囲気がありました。

お二方に共通していることとして、知識を教えるだけではなく表情で伝える、教育にはそういった要素も間違いなくあると思っています。表情一つが立派な教育になる。学校で学ぶことの意味には、そうした点も含まれるのではないかと思います。

藤崎　確かに。それは間違いなくそうだと思います。

これはいろいろな場面でお伝えしているのですが、国際レベルで必要なのは、聞いて言い返せる力が非常に重要なわけです。聞くためには、相手の言葉が理解できないといけない。「もう一回言ってください」と毎回相手の話をさえぎっていたら、誰も話しかけてくれなくなります。

昔の外交官は、自分の国が侮辱されたら、立ち上がって反論するか、ガンと机を叩いて退出するか、どちらかの態度を取るようにと教えられてきたそうです。黙って聞いていては、相手の発言を容認したことになってしまうわけです。そのためには、自国の悪口を言われたかどうかが分からなければなりません。聞き取る力が不可欠なのです。

あるいは、外国語で文書を作成するにしても、1ページに10個も20個も誤りがあっては信用されません。本を1冊読むのであれば2～3日。英語の本を1冊読むのに2カ月もかかっているようでは実用になりません。

そこまで語学の力を高めないと、国際的には通用しません。この数十年で世界の共通語は英語になりました。英語がしっかりできれば、国際的にもかなり役に立つ人材になれる可能性があるわけです。

日本社会の同調圧力に負けない力

多くの日本人は「周りと同じにしていれば安心だ」と考えているかもしれません。日本の社会には強い同調圧力が存在し、学校でもそれが問題になったりもします。この点についての藤崎先生のお考えは次の通りです。

例えば、教室で「カレーが好きな人は手を挙げて」と言ったとします。そのとき手を挙げる前に隣や周りを見る子が多いのは、同調圧力が強いからです。制服も、生徒一人ひとりのことではなく、どこの学校の生徒かと、一括《くく》りにして考えるのを助けてしまっているかもしれません。

大切なのは、アメリカ人、エジプト人、韓国人などと一括りに捉えるのではなく、個人として捉えていく姿勢です。それこそが多様性を許容する社会につながります。ロシアのウクライナ侵攻や急激な円安に見られるように、現代は「ＶＵＣＡ」と呼ばれる予測困難な時代です。何が起きるか分かりません。また、グローバル化が進めば必然的に多文化社会になっていきます。その中で頼りになるのは、どこかの組織の一員という立場ではなく自分自身です。

時代の大きなうねりに振り回されることなく、波に乗り、そして波を作り出す。そのためにも、同調圧力に負けるのでなく、自分で考えること、考える力が大切になってくるのです。

髙宮　よく「学生時代は、目の前にあることを一生懸命やればいいんだ」といった意見を耳にします。

藤崎　今、髙宮さんがおっしゃったように、「目の前にあることを一生懸命やればいい」「日本のことを知らないと外国へ行ったときに恥ずかしい」「英語だけじゃなく、第二外国語をしっかりやっておかないといけない」「タブレットの時代で、手書きは古い」など、いろいろと言う人がいます。

私自身はそういった意見にまったく同意できません。そういうことを言う人は、本当に何か裏付けがあって言っているのか疑問です。

最近では、アクティブ・ラーニングの一環で、ディスカッションの力を身につけることが大切だと言われます。しかし何も予習せずディスカッションだけやっても、意味のある議論にはなりません。

暗記中心の勉強を重視してはいけないという意見も強くなってきています。もちろん、ただ記憶するだけではダメです。ですが、予習で一定レベルの知識を身につけないと、まともな議論などできるはずがありません。一定の知識を持ったうえで、人の話を聞きながら必要に応じてメモを取ったり発言したりすることで初めて、意義がある議論になります。

髙宮　「目の前のことだけやっておけばいい」という言葉の後には、その先にある就職の問題が続いています。「運動部で一生懸命頑張りました。会社でも頑張ります」。そんなことさえ言えれば、あとは先輩たちが何とか引きあげてくれる。このような思考を展開していくと、最終的には「終身雇用」みたいな話にまでつながっていく。

この点について、藤崎先生はどのようにお考えですか？

藤崎　つながっていますよね。先日、とある新聞社の外信部長[※8]の方とお会いする機会があったんです。その方は、高校で剣道の有段者だったので、大学に入るなり剣道部に誘われた。毎日、授業に出ず道場に来て竹刀だけ振れ、就職は保証すると言われたそうです。その方は、大学では勉強もしたかったので、そのお話を断ったから今があるとのことでした。数十年前はそういったやり取りが当たり前のようにあったのだろうなと思います。

高宮　私の時代にもありましたね。私が社会に出た時期は、バブルが弾けて就職が厳しくなる、そのちょうど変わり目だったのですが、それまで体育会の主将から「授業には出るな」と言われ続けていたのが、「それでは就職が大変だ」という流れに急に変わって、「今さら言うなよ」と思いましたね。

失敗から「次」を生み出す力

高宮　このあたりで少し、子どもたちに向けた話に移りたいと思います。

※8　世界各国に派遣された海外支局から、その国や地域のニュースを日本（本社）に伝える部署。外報部、国際部ともいう

藤崎　子どもたちに伝えたいのは、「どこに行っても困らないように、自分の手に職をつけること」の大切さですね。今の世の中に当てはめて言うならば、「英語なら任せてください」とか、「プログラミングのことなら誰にも負けません」といった人材なら、ほとんどの企業がその人をほしいと思いますよね。

どんな分野でも構わないので、そういう人材にならなきゃダメだと思うんです。「どこの大学を出て、どんな企業にいました」というだけでは、通用しない時代になったと理解すべきですね。

髙宮　日本の成長力が伸び悩んでいる理由の一つに、仕事の生産性の低さが挙げられます。その背景には終身雇用と年功序列があって、入社したら年次によって役職が上がり、本人の能力・実績に関係なく給料が上がっていく。かつてはうまくいっていた仕組みが、今は機能していないわけです。

組織というものにすがることなく、自分の力で先の道を切り拓いていく。本当にその通りだと思います。

藤崎　世の中はどんどん変わっていきます。今は若い人たちであっても、時代の激しい変化に常に対応し続けるのは大変なことです。

時代はどんどん新しくなる一方で、自分はどんどん年を重ねていく。だからこそ、若いうちに、自分自身にいかに投資するのかが大切なのです。若い人には、車やファッションなど身の回りのものにお金を使うよりも、自分に投資すべきですよと言っています。

髙宮　それは教育にとって、一番大事な観点ですね。ユダヤの方々が言っているように、「財産は奪えても、教育は奪えない」。まさにそれだと思います。

ところで、藤崎先生は映画『トップガン』はご覧になりましたか？　１９８６年に公開された『トップガン』のＤＶＤにはメーキングの特典映像がついているのですが、その中で「この映画はベトナム戦争終結からまだ日が浅い時期に作られたので、仲間との別れが大きなテーマになっている」と解説されています。実際、映画の本編でも親友を失うシーンがあります。

ここからが非常にアメリカらしいと思うのですが、心の痛手を癒やす方法が描かれているのです。大事な思い出の品を箱に詰めていくことで、気持ちの整理をつけます。それを見ていて、率直に「すごいな」と感じました。米軍ではそこまでマニュアル化されているんだと。

もう一つ感心したのが、エリートのパイロット養成学校である「トップガン」を首席で卒業すると、その「トップガン」の教官になるんですね。

藤崎 日本でも軍の学校の教官はエリートを使っていました。例えば、日露戦争で活躍した秋山真之《さねゆき》さん。彼は海軍大学校の教官も務めました。しかし、日本の軍隊の場合、学科の成績重視で指導力や心のケアなどは重視しませんでした。そこは米軍と異なるように思います。

高宮 私は別に米軍が好きなわけではないのですが、そこには、成長するためのエンジンのようなものが確実に存在しています。「失敗から確実に学んで、次の成功を生み出している」。その点が素直にすごいなと感じるわけです。

藤崎先生は在職中、リーダーと会う機会も多かったと思いますが、日本の総理大臣とはどのように話していたのでしょうか。

藤崎　私が外務省の局長や外務審議官時代の話です。総理大臣にしばしば官邸でブリーフィング[※9]をしていましたが、それとは別に、特別機で同行するときなど2、3人が呼ばれて、リラックスして一緒に食事をする機会がありました。

髙宮　そんなときの処世術について率直に質問なのですが、せっかくの機会だからと、普段の思いの丈《たけ》をぶつけるのがいいのか、それとも「さようでございますね。特に問題ございません」と卒なく対処するのがいいのか。どちらなのでしょうか。

藤崎　中間ですね。本当に思いの丈を全てぶつけてしまうと、周囲の取り巻きの方々が「突然何を言い出すんだ」と思いかねませんからね。とはいえ、せっかくの機会に、聞き役に回って終わってしまうのでは残念です。「これはちょっとお耳に入れておいたほうがいい話だと思うんですが」と、伝えるべき点は伝えました。

髙宮　そこはやはり、0か1かの二者択一ではなく、バランス感覚が大切なんです

※9　手短に、簡潔な報告をすること

ね。ちなみに藤崎先生は、どのようなお話をされたんですか？

藤崎　いろいろなことがありすぎて、全てを記憶してはいませんが、小泉純一郎元総理とはよくお話をさせていただきましたね。

髙宮　これも半分、好奇心でお尋ねしますが、小泉元総理はそういうときにどのような感じでお話しされるのでしょうか。

藤崎　小泉さんは、食事の場ではあまり仕事の話をするタイプではありませんね。音楽のこととか、仕事以外の話題が多かったと記憶しています。

髙宮　とても興味深いです。

藤崎　そんなときには、話の腰を折って「実はですね」とこちらから仕事の話はせず、別の機会に譲りました。

髙宮　場の雰囲気をしっかりと読む必要があるのですね。

藤崎　それはもう、当然にあります。「あいつとはもう仕事したくない」などと思われては困りますからね。

先ほどの、周囲の意見に安易に同調するのではなく、自分自身をしっかりと持つことが大事だという話に戻るのですが、今のお話を聞いていて、当時の全学連（全日本学生自治会総連合）の学生のことを思い出しました。

彼らの多くが、在学中は左翼的な言動をしていました。それが当時の学生の主流だったからです。しかし、卒業時には、そんな過去などまるでなかったように、大手の企業に就職する。社会ではそれが主流だからです。ある意味、非常に分かりやすいけれど信念がない人たちだなと思っていました。

髙宮　その文脈で言うと、同世代で信念を持ち続けているのは上野千鶴子先生です。彼女は革命を信じて、バリケードの中で寝泊まりして、一緒に闘ったと。彼女は、そのスタンスを今も貫いているので敵も多い。しかし言葉の筋は通っています。

男女平等という、ある意味では一つの「革命」のはずなのに、女性はおにぎり作りや拘置所への差し入れといった後方支援の仕事しかやらせてもらえない。そんなこともおっしゃっていましたね。

藤崎先生が感じておられる違和感と、女性という当事者として差別を受けてきた上野先生の抱えるそれは、同じようなものなのだと感じました。

未来の部活動と「考える力」の関係

私たち大人が考えていくべきは、子どもたちの「考える力」をしっかりと育む、未来に向けた教育の在り方です。これは、ともすると忘れられがちな話ですが、教育にとって部活動の占める割合や存在意義は非常に大きく、その在り方を考えることも重要です。

この点についても藤崎先生にお考えを伺いました。事前にいただいたアンケートには、次のようにお答えいただいています。

「考える力」を育てるためには、幅広い経験とボーッとする時間が必要です。いろいろな分野の本を読んだり、たくさんの人に会ったり、出かけてみたりするのもいいです。

ぶらぶら散歩するなど、自分でのんびりする時間を持つことが、時間をかけて「考える力」を養うことにつながると思います。

そのような時間がなく、習い事や部活動で目一杯の毎日になることも、考える力が育ちにくい一因になっていると思います。朝から授業を受け、それから部活動に行き、ご飯も食べられないいくらいクタクタに疲れて帰ってきて……という毎日を過ごしていたら、「考える」ための時間など取ることができません。

髙宮　話は変わりますが、部活動について少しご意見をお聞きしたいと思います。私自身、部活動は一つの背骨のような役割を果たしていると考えているのですが、藤崎先生はどのようにお考えですか。

藤崎　基本は賛成なのですが、部活動にかける時間の長さや、勝つことだけを目指して先生のほうが張り切ってしまうような風潮には疑問を抱いています。

部活動の意味は、生徒一人ひとりにとって異なるのが当たり前で、決して一つの方向性に収斂《しゅうれん》すべきものではありません。そういうことをないがしろにして、やれ県大会だ、全国大会だというだけではいけない。何より、部活動に強いられる時間の長さについては、いかがなものかと思います。

髙宮　そのスポーツの特性によって、練習時間の長さが変わってきます。例えば、柔道や剣道はずっと体を使うので、強豪校でも1時間半か2時間、長くても3時間やれば、皆ヘトヘトになるんです。

他方、野球などの場合は、誰かのバッティング練習中には他の誰かが付き合う。その間、付き合った相手は自分の練習を満足にできないので、それを補うため必然的に全体の練習時間が長くなります。日本人は野球好きが多いので、今まではそれで通用してきたのかもしれませんが、藤崎先生のおっしゃる通り、今日的に見れば、時間をかけすぎなのでしょうね。

藤崎　練習後に洗濯をさせられるとか、あるいは、グラウンドを何周もさせられたら、そのあとは勉強などできないでしょう。つまり、時間やエネルギーをかけすぎなければいいのです。楽しみではなく、精神主義でやりすぎになってしまうのが心配なのです。

髙宮　確かに。エネルギーを使い切ってしまえば一緒ですね。

藤崎　私は決して部活動を否定しているわけではありませんし、大切なことだとも思っています。それでも、人間のエネルギーと時間は限られています。ほんの一部のずば抜けた人であれば、甲子園に出て、四番でピッチャーをやりながら、難関大学の入試もたやすくパスした、なんていう例もあるようです。とはいえ、ほとんどの人は違います。

限られたエネルギーや時間をどのように使うのか。自分の将来についてしっかりと考え、配分を考えていく必要があると考えています。鵜《う》の真似をするカラスになってはいけません。

未来に向けて海外の学校でも学ぶべきか

近年、留学を希望する子どもたちが増えていると実感しています。社会はどんどん国境という垣根を越えていきますし、それに伴って、バックグラウンドが大きく異なる人たちとの接点も増えていきます。そんな時代を生き抜くためには、海外に出て国際性を身につける必要がある、というわけです。

とはいえ、こうした議論にはやや危うい点があるとも感じていました。

この点について、次に示すようなお考えをいただきました。


「自分の考えを伝える、書く」訓練を重ねることが大切です。グローバル化が進展するこれからの時代、バックグラウンドの異なる人たちとも十分な形で意思疎通を図るには、外国語で伝える、書く力、特に英語の力が必要になってきます。

とはいえ、必ずしも海外の大学に進学しなければならないと考える必要はないと思います。ただ機会があるならば、1~2年ほど交換留学などができるとよいと思います。

髙宮　これからの子どもたちは、海外の学校でも学ぶべきでしょうか。
藤崎　イギリスのパブリックスクールの全寮制教育や、アメリカ、あるいはフランスの教育などもそれぞれに異なるので、一概に海外と括ることは適切ではないと考えています。それに、韓国や中国では、日本以上に激しい受験競争があるようです。海外で学ぶこと自体が目的なのではなく、自分の考えを、きちんと自分の言葉で伝えることができるように話す力や書く力を、しっかりと身につけることが大切なのだと理解するべきです。

例えば、「これからは東大ではなく、ハーバードに行け」といった声があります。一種の流行ですね。正直、私は日本の大学でもよいと思っています。とはいえ、できれば在学中に1年か2年留学して、語学を磨いたり見聞を広めたりするとよいと思います。

海外の大学に進んだ人も、いずれは日本に帰ってきて、日本のために働いてほしいですね。明治時代の日本や敗戦後の日本が他のアジア諸国に比べ発展したのは、留学

生が日本に帰ってきたからです。日本社会も、いったん海外の大学や大学院に行った人が帰ってきたくなるようにならなければいけないと思います。

髙宮　先ほどのお話にもあったように、0か1かという議論をするのではなく、目的をしっかりと踏まえたうえで最適なバランスを見出すべき、ということですね。

藤崎　まさにその通りです。私は、教育というのは「実験の場」ではないと思っています。ゆとり教育も実験だったし、英語4技能の試験にしても実験なんです。実験にはどうしても、プラス／マイナスが出てきます。犠牲になるのはいつも子どもたちです。マイナスの影響を受けないよう、配慮しなければなりません。

髙宮　根拠もなく始めた改革が、後になって間違っていたと分かって、その教育を受けた子どもたちが大人になってから謝ったところで取り返しがつきませんよね。

藤崎　そうなんです。だからこそ、慎重な考慮が必要になってくるわけです。

第４章 まとめ

□「考える力」を身につけるには、常に「なぜ」と「自ら問いを立てる」姿勢が重要である。そのうえで、他にどのような選択肢があるのか、プラス面やマイナス面を考える必要がある。

□「考える力」と「伝える力」のほか、「聞く力」が重要であり、自分の主張や意見を持ちながらも、相手の立場にも配慮し、その言葉に耳を傾ける姿勢が必要になってくる。

□部活動の在り方は、ただ時間をかければよいといった発想を改め、考える時間を増やす方向に意識を変えていかなければならない。

□留学も重要な学びの手段ではあるが、それを目的化することなく、知識という基盤を整備し、そのうえで「考える力」「伝える力」を磨いていくことが望ましい。

第5章

これからの時代に求められる「考える力」

～柳沢幸雄先生との対談を通じて～

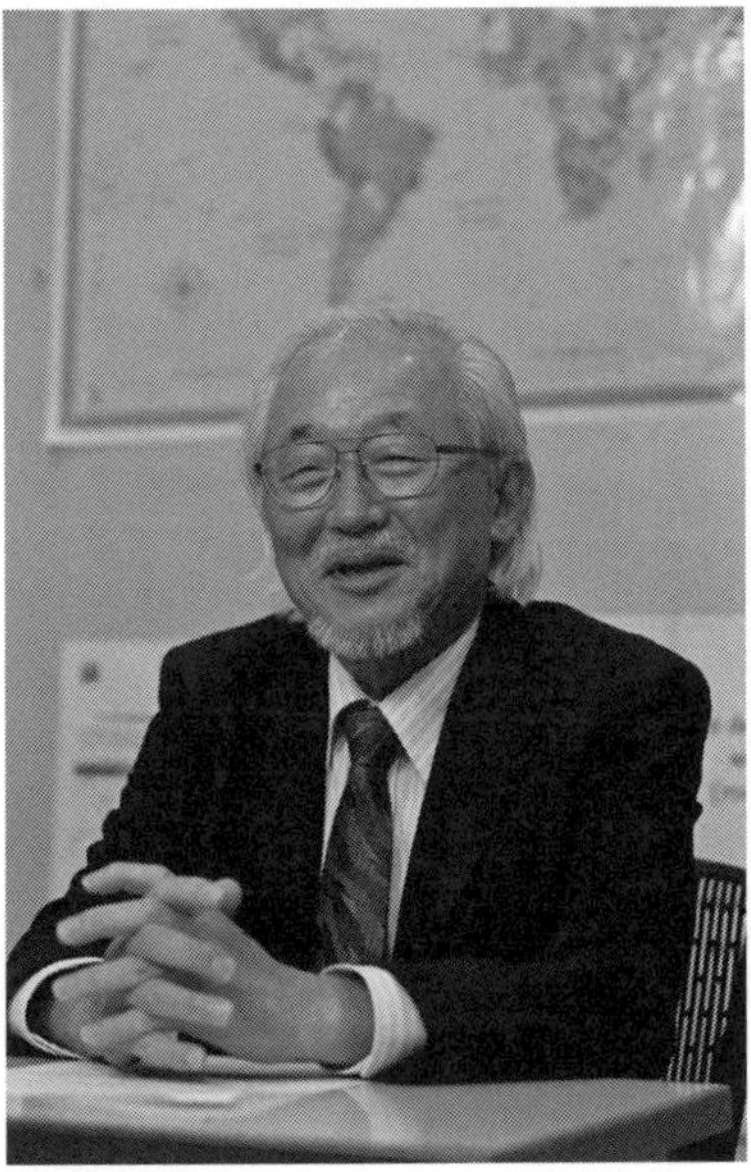

柳沢 幸雄

やなぎさわ ゆきお

北鎌倉女子学園学園長
東京大学名誉教授

1947年生まれ。開成中学校・高等学校、東京大学工学部を経て、企業勤務後、同大学大学院工学系研究科化学工学専攻博士課程修了。工学博士。研究テーマは「空気汚染と健康の関係」。ハーバード大学公衆衛生大学院准教授、同併任教授を歴任。シックハウス症候群、化学物質過敏症研究の世界的第一人者として知られ、ハーバード大学ではベストティーチャーにも選出。帰国後、東京大学大学院教授などを経て、2011年4月から2020年3月まで開成中学校・高等学校校長を務める。2020年4月から現職。主な著書に、『18歳の君へ贈る言葉』（講談社＋α新書）、『男の子を伸ばす母親が10歳までにしていること』（朝日新聞出版）など。

対談にあたって

第1章でも述べたように、「教育はサイエンスであり、アートである」を体現するものとして、私立中学校・高等学校の校風が挙げられます。

例えば、「開成にはこういう子が多い」「麻布ではこうだ」というように、私学の教育システムには一定の特徴や再現性があります。ところが、学年には数百人が在籍しており、その全員が運動会を好きなわけではないし、全員が斜に構えているわけではありません。つまり、同じ教育を施したからといって、全ての生徒が同じように育つわけではないということです。

同様に、世の中には、教育にまつわるマニュアル本がたくさんあります。極端な例で言うと、４人のお子さん全員を東大理Ⅲに合格させたお母様の本が売れていたりします。しかし、著者が推奨する教育法を実践しても、東大に受かる子もいれば、そうでない子もいます。「同じように頑張っているのに、どうしてうちの子は……」

という「もやもや」が、保護者を常に悩ませるわけです。

また、「教育には明確な答えがあるわけではありませんから、初めからそういうものとして受け止めてください」というのが、私自身の考えであり、伝えたいメッセージでもあるのです。

そこで、ぜひ、お話をお聞きしたいと思っていたのが、現在は北鎌倉女子学園中学校高等学校の学園長であり、２０１１年から9年間にわたって開成中学校・高等学校の校長を務めてこられた柳沢幸雄先生です。長年、私学の現場に携わってこられた先生であれば、示唆に富んだご意見をいただけるだろうと考えました。

柳沢先生とは、これまで何度も対談の機会がありましたが、今回は私がかねがねお聞きしたいと思っていたこと、「これからの時代に求められる力とは何か」についてを中心に大いに語っていただきました。

そこから導かれた日本の教育に対する提言は、子どもたちの未来を明るく照らしてくれるように思います。

コロナ禍で分かった学校の役割

髙宮　２０２０年春、ちょうど柳沢先生が開成学園の校長を退任されるタイミングで、新型コロナウイルス感染症の流行が始まりました。なかなか先が見通せない中で、ある程度の道筋をつけて後任の先生方に引き継がれたわけですが、あのとき、先生はどういう判断をし、どんなことを考えられたのか、改めて伺ってもいいですか。

柳沢　安倍晋三総理（当時）が、全国の小中高に向けて臨時休校要請を出したのが２０２０年2月28日でした。あの年はうるう年でしたから、翌29日は、これから何をすべきかひたすら考えていました。

あの時点では、「休校期間は一カ月」という話でしたが、私はハーバード大学で公衆衛生を教えていた人間ですから、パンデミックがどういうものか、それなりに知っています。「これは一カ月では収まらない」「少なくとも5月の連休明けまでは続く」と感じました。5月の連休明けまで学校を閉じるとなると、休校期間は２カ月半になります。そこで教員たちに話したのは、「我々は生徒から授業料をもらっている。その分のことはやらなきゃダメじゃないか」ということでした。

現実的な方法として、頭にパッと浮かんだのは大学受験予備校の衛星授業です。開成でもそれに近いこと、つまり、オンラインで授業を配信しようと考えました。開成にはコンピュータ分野を得意とする教員が複数いましたから、彼らを呼んで、「ここでやらなきゃ、開成はつぶれる。でも、うまくいけば非常に強いアピールになる」と話し、授業の配信を何とか形にしてほしいと頼んだわけです。そして、「4月6日の新学期から、開成は開成の教育を行う」と宣言しました。

するとわずか1カ月の準備期間にもかかわらず、なんとか新学期のスタートと同時に授業を配信する体制が整いました。手前味噌ですが、これはすごいことだと思いましたね。

髙宮 開成にはベテランの先生、あるいは、ベテランでなくても授業のやり方にこだわりのある先生がたくさんいらっしゃる中で、どう説得されたのですか？

柳沢 説得したというよりも、各学年に任せることにしました。開成は、学年がある程度独立しています。そのかわりに、結果が出なければ、学年主任の教員はその責任を負うことになっています。というのも、学年を学年主任の名前で呼ぶので、生徒の成績が芳しくない場合、「○○学年はどうだった」「△△学年はこうだった」と後々の語り草として教員の名前が残るというわけです。どうすれば結果につながるだろうと考えれば、自ずと判断は絞られてくるだろうと思っていました。

髙宮　オンライン授業を進めていく中で、お気づきになったことはありますか？

柳沢　配信授業でも対面に引けを取らない水準で学びを進めていたことを見るに、どうやら「知育」の役割についてては、ある程度はオンラインでカバーできそうだということが分かりました。しかし、そのオンライン授業が、完全に対面授業に代わるものになり得たかといえば、答えは「否」です。

生徒たちは、少なからず友達と会えないことや、通常通りに対面授業が行われないことにストレスを感じていました。それは、それまで当たり前のように行われてきた対面を介したコミュニケーションが、実は学校の機能の大部分を支えていたということの証でもあるのです。

高宮　コロナ禍によって学校の持つ役割が浮き彫りになったということですね。

柳沢　ここで分かったのは、学校には「知育」と「社会性の育成」の二つの役割があるということです。

時代をさかのぼって考えてみましょう。例えば、江戸時代に「社会性の育成」を担っていたのは、地域のコミュニティや家族（しかも今より構成人数の多い〝大〟家族）でした。一方で、「知育」は、寺子屋などで知られるように、自ら先生のところへ行かなければ容易には享受できないものでした。

しかし、現代の場合は逆です。インターネットのおかげで、我々は家にいながら、さまざまな情報を得ることができるようになりました。その反面、地域とのつながりは希薄化し、加えて少子化や核家族化の影響で、同居家族の人数は著しく減少しました。

「社会性」をどう養うか

髙宮　都市部では特に、マンションの隣室に誰が住んでいるかも分かりませんし、勝手に出入りできないよう何重にもセキュリティがかかっているので、近隣住民や地域でのつながりをつくりにくい時代になっていますね。

柳沢　その通りです。そんな時代に生きる子どもにとって「社会性の育成」が叶う場は、いまや学校くらいしか残っていないということでもあるのです。

「知育」の面だけでいえば、一番教え方が上手なのは、予備校や学習塾なのかもしれません。しかし、塾で過ごす時間には限りがありますから、「社会性の育成」まではは期待できません。

そう考えると、生徒と教師の関係と、同年齢の生徒同士の「ヨコ」の関係、先輩と後輩の「タテ」の関係、その三つの関係性から、社会性を身につけることができる学校という場は、「社会性の育成」における絶好の環境といえるのです。年齢や属性の異なる人たちと、どう馴染んでいき、どう存在感を出せるか。それらを体験的に学ぶことが、学校に託された大きな役割になっていると考えています。

髙宮　今や地域社会が失ってしまった役割を、学校が背負っているというわけですね。「タテ」や「ヨコ」の関係性でいうと、開成には、ボートレースの応援や部活動、運動会など「タテ」のつながりが目立つイベントや仕組みがたくさんありますね。

柳沢　それは、「タテ」の関係性の構築こそ、最良の教育法だと考えているからです。

新年度における開成の教員の最大の任務は、新1年生を部活動に参加させることです。その後は、良いことも悪いことも全て先輩が教えてくれます。教師一人では、クラスにいる数十人の面倒を見るといっても限界がありますが、その点、少し年上のロールモデルが近くにいる環境を与え、「自分もああなりたい」という先輩を見つけてさえくれれば、あとは放っておいても自然に成長するものです。

特に開成中学校は、それまで小学校で一番だった子どもたちが集まってくる学校です。そうすると、5月末の中間試験で「43人中42位」など、それまで見たことのない数字を目の当たりにすることになります。そこで意気消沈しないための仕掛けとして、部活動があり、運動会があるのです。

髙宮　現在、学園長を務めていらっしゃる北鎌倉女子学園にも、そういう仕組みがあるのでしょうか？

柳沢　実は、今の学校に赴任して一番印象的だったのが「タテ」の関係が弱いことでした。それを受けて、新しく「理系教科委員会」を発足させました。

例えば、トップ校には、数学オリンピック出場を目的にしたクラブ活動がありますね。それと同じように、数学系・理科系・情報系の検定に、学年を越えてチャレンジする団体をつくろうと考えたのです。数検ならば、1級から11級まで幅広いレベルが設定されており、自分の実力に合わせて挑戦できます。週2回、部活動のように集まって、問題を解いて、実力を上げてい

く。そこには学年の壁もカリキュラムの違いもありません。

といっても、ここでの目標は、級の取得を目指すことではなく、いろいろな学年の子どもが集まる場を設け、タテのつながりをつくることなのです。

高宮 鎌倉市の観光ガイドのボランティアにも積極的に取り組んでいるとお聞きしました。それも「社会性の育成」を意識したものですか？

柳沢 そうです。学校以外の場所で、生徒同士が交流しながら一つの目標に向かって力を合わせることと、鎌倉の地域特性を掛け合わせた試みです。

また、「生徒広報部」といって、受験生やその保護者が来校した際に、学校紹介や校内案内を担当する高1〜3生による組織もあります。入学したばかりの高1生が入部すると、学校の様子も分かるし、先輩とのつながりもできて一石二鳥というわけです。

高宮 どれだけインターネットが発達しても、学校や教室といった「リアルな場所」でしか養えない力があるということですね。そういう意味で、特定のキャンパスを保有せず、オンライン授業のみで展開するミネルバ大学[※10]のような学校が、今後

※10 2014年秋に設立した、アメリカ・サンフランシスコに本部を置く総合私立大学。合格率は2%未満で、世界最難関校の一つに数えられる

どういう人材を輩出し、社会にどんなインパクトを与えるかは興味深いものがあります。

以前、「開成からミネルバ大学の合格者が出たけれども、その生徒は結局、伝統的なアメリカの大学に進学した」というお話を伺いました。情報が少ない中で判断するのは難しいでしょうが、先生はミネルバ大学についてどうお考えですか。

柳沢　前提となる条件を整理しますと、そもそも大学教育が満たすことのできる事柄には二つあります。一つは職業訓練。もう一つは、学問を志す学生に対する教育、つまりリベラルアーツです。

ドイツはそのあたりの線引きがはっきりしていて、職業教育は高校段階から分けて行っています。リベラルアーツをオンライン授業で学べるかどうかは難しいところですが、職業教育は間違いなくできるでしょうね。国家試験のための勉強などは向いているだろうと思います。

髙宮　知識なり、スキルなりを身につけることはできるということですね。

柳沢　ただし、仮にそれで医学部に受かっても、患者の顔を見ずに問診するようなお医者さんに育つかもしれません。「診察はできます。でも、患者と目を合わせられません」では困りますよね。

髙宮　「社会性の育成」と関係するかもしれませんが、先生はよく、入学式の場で保護者に「子離れをしてください」とお話しされるそうですね。親離れできない子ども、または子離れできない親には、後々どういった問題が起きると考えられますか？

柳沢　動物の成長過程において、子育ての最終的なゴールは何かと言えば、「親が死んだ後も、子どもが一人で生きていく力を身につけること」です。

では、どういうステップを踏んで子どもは自立していくかというと、一つ目の関門は、2歳くらいから始まるイヤイヤ期。そして二つ目が、10代前半に訪れる反抗期です。それらに共通するのは、「自分の気持ちを説明する言葉を持っていない」ことです。

例えば、2歳ぐらいの子どもは、身体的な発達が進み、自分の興味があるところへ歩いて自由に移動できるようになります。その一方で、言葉の習得が十分ではないので、思っていることが大人に伝わらず、そのもどかしさから「イヤイヤ」と言って反抗が起きるのです。次に10代の反抗期ですが、これは第二次性徴が引き金になります。体の中で起きている変化を自分の言葉で説明できないので、その戸惑いが反抗的な態度につながるというわけです。

子どもが反抗するのは、生物として自立の本能が備わっているからです。しかし、親には「子離れ」の本能がありません。なぜなら、子どもが一人前になる頃、動物の親はたいてい死ぬからです。

ところが、平均寿命が１００歳近くなる今の人間は、子どもが自立したあとの時間が60年ぐらい残っていますね。そこで、親が意識して子離れしないとどうなるか。待っているのは「８０５０問題」です。80歳になるまで子どもの面倒を見ますか？50歳の子どものパンツを洗いますか？　それが嫌だったら、「子どもが離れるときに、親も手を離しなさいよ」と伝えたいのです。

髙宮　開成では、母親と息子の関係についてよくお話しされていましたが、今の学校に移られて、母親と娘の関係も難しいと感じられることはありますか。

柳沢　一般的に、親というのは同性の子どもには厳しく、異性の子どもには甘いものです。例えば、同性の子どもに対しては、自分の経験が基準になるので、つい余計なことまで口出ししてしまいます。しかし、異性の子どもについては分からないことが多く、特に母親にとっての男の子は宇宙人のようなものです。そうなると、「この子が何を考えているのか、とうてい理解できない。理解できないけれど、そこが可愛い」と過度に甘やかしてしまうのです。

さらにたちが悪いのが、そうした言動が無意識に行われていることです。その点を意識するだけでも、親子関係は改善できると思っています。

ほめることの教育的効果

髙宮　先生は、開成の校長時代に「日本の18歳は世界一だ」とおっしゃっていました。開成の生徒たちが〝世界一〟なのでしょうか。それとも、日本の子どもたち一般にも当てはまることなのでしょうか？

柳沢　開成は、偏差値的に見ると非常に優秀な学校です。それに比べると、北鎌倉女子学園は遠く及びません。ただ、そこで教えていても、やっぱりその思いは確実にあるのです。「日本の高校生は優秀だ」と。

　開成の生徒は、激しい競争試験を打ち勝ってきています。「私は勝ったんだ」という強烈な成功体験が根っこにあるので、自己肯定感の高い子が多い。ところが、北鎌倉女子学園の生徒は、これまでそういう自己肯定感を得られる場が少なかった。だから、常々「君たちは、潜在能力としては十分なものを持っているんだよ」と生徒に言い聞かせています。そうすると、生徒たちは本当に伸びるのです。

　これは今年（2023年）の3月に卒業した生徒の話ですが、高校3年生の6月に私のところへやってきて、「先生、小論文の書き方を教えてください」と言いました。私は「ああ、いいよ」と、すぐに引き受け

ました。北鎌倉女子学園は何しろアットホームで、塾のように個別指導ができる学校ですからね。

するとと、芋づる式に20人ぐらいの生徒たちが集まってきました。受験する学校がそれぞれ違いますし、まとめて教えるわけにもいかないので、いくつかのグループに分けて指導しました。そうすると、本当に成績が上がりました。私の感触としては、当初彼女たちが志望していた大学よりもワンランク、ツーランク上を狙える力がついたのではないかと思います。

高宮　子どもたちには、それだけ伸びしろがあるということですね。

柳沢　そうです。伸びしろがいっぱいあります。先の例で言えば、私のところに来た生徒の、ほぼ全員が第一志望校に受かりました。

要するに、大切なのは「いかに自信をつけさせるか」「自信を感じさせるか」ということです。偏差値が高いとされている学校では、入学試験の競争が非常に厳しいので、その試験に受かって「勝った」という実感があれば、誰かに後押しされなくても自己肯定感が育まれます。しかし、そうでない学校の生徒については、誰かがきちんと自己肯定感や成功体験を確信できるようにしてあげなければなりません。

それなのに、日本ではそういう教育が学校でもできていなければ、家庭でもできていない。親はたいてい、「あんたなんて、どうせダメでしょ」「どうして、いつもそうなの？」と言うだけです。子どもは「親のほうがダメなんじゃないの？」と言いたくなるけど、それを口にするとケンカになるから言いません（笑）。

髙宮　そうすると、開成の校長先生として「日本の18歳は優秀だ」「世界に通用する」と考えていらしたのは、少なくとも開成の子たちには自信があり、勉強ができるという理由からだったんですね。

しかし、立場が変わって、偏差値としては開成に及ばない学校の生徒でも、「自信を持たせればもっと伸ばせる」というように考えが変化したということでしょうか。

柳沢　いいえ。その発言も、開成の生徒だけを念頭に置いていたわけではありません。当時から、いろいろな学校で講演をしたり、模擬授業をしたりして、さまざまな生徒と接する中で感じていたことです。日本の18歳は本当に優秀なのです。

うまく引っ張ってあげると、良いところがたくさん出てきます。それなのに、家庭も教員もその素質を十分に引き出してあげられていません。なぜなら、たいていの親は、子どもが自分の知っている枠の中に収まっていれば安心するからです。

髙宮　具体的に、家庭ではどのようなことに取り組めばよいのでしょうか。

柳沢　もちろん、それは子どもの年齢にもよります。

脳科学者によると、子どもの前頭葉の活動が主に成長するのは10歳くらいからだといわれています。脳は後ろのほうから順に成長するらしいのですが、その部分は、運動を司る脳幹や小脳です。つまり、その年齢までは、自分の意思と体の動きを一致させることが大事というわけです。例えば、卵を割るときに、グシャッとつかんだら潰れてしまいますが、ちょうどよい力加減で、チョンチョンと叩いて殻にヒビを入れ、パカッと開けばきれいに割れます。

このように、自分の意思と体の動きをシンクロさせることが、10歳までの課題と言えます。10歳は小学校4年生ですから、それまでは体を動かしておけばいいのです。

髙宮　受験があるからと言って、ただ机に向かわせるのは逆効果だと。

柳沢　はい。では、何をやらせたらいいか。それは、家のお手伝いです。

髙宮　開成の現校長である野水勉先生の、カレー教室の話を思い出しました。開成の子どもたちは、中学１年の最初にカレーを作るそうですね。

柳沢　はい。６月に実施する学年旅行中の恒例イベントです。最終目的地は富士山ですが、その前に相模湖に行き、カレー教室をやります。それも、ただ作って終わりではありません。今はＳＤＧｓの時代ですから、「ゴミの量を最小にしたチームが勝ち」というルールを設けて、グループ対抗で競います。

髙宮　そこでも競争させるわけですね（笑）。

柳沢　まず別々のクラスから７人を選んで１グループをつくり、ほぼ初対面のチームでカレーを作ってもらいます。不慣れなため、水を入れすぎてスープカレーになってしまう班が多いのですが、食べ残すとゴミになるので、最後にスープをごくごくと飲み干す生徒もいます（笑）。それぞれの性格や個性が見えて、面白いイベントです。

高宮　生徒たちの手元が危なっかしいなどということはありますか？

柳沢　特にそう感じたことはないですね。例えば、東大の新入生に小さい頃の思い出についてインタビューすると、一番多いのが「親がよく話を聞いてくれた」という答えです。次点が「家事をしていた」という答えです。小さな子どもは、親が掃除機をかけていると、その周りにまとわりついて、自分でやりたがりますよね。それを面倒がらず子どもに任せると、親も楽できますし、子どももほめられて自己肯定感が上がります。

家事には、ほめるポイントがたくさんあります。卵を上手に割れなくて、殻ごと食べたようなところから、だんだんと上達して、上手に割れて、次第にだし巻き卵が作れるようになる。そこまでのステップを一つひとつほめていけばいいのです。

ChatGPTの台頭と教育の向き合い方

高宮　次は、教育のアップデートという難しい問題に移りますが、2016年に弊グループも参加した「東ロボくん」（人工知能は東大の入試問題が解けるか）というプロジェクトでは、「英語・国語の文章の意味を理解はできていない。これ以上、点数を伸ばすのは難しい」ということで、いったん研究をストップしていました。

しかし、「今度のＣｈａｔＧＰＴはなかなか優秀らしい」という噂を聞いて、東大の世界史の論述問題を解かせてみると、確かに従来の人工知能と比べて日本語は上手ですが、事実誤認も多く混ざっているということで、結局は0点という結果になりました。いろいろな問題で試してみたところ、一問一答はよく解け、特に英語は良い点数が出るなど、さまざまな特徴が見えてきました。

そうした生成ＡＩについて懐疑的な立場を取る方々の中には、「ＣｈａｔＧＰＴは12歳まで触らせるな」と主張される方もいて、推進派の人たちから反論されていますが、私も子どもたちの発達段階によって使

い分けるべきではないかと思っているところです。

先日、元ＭＩＴメディアラボ所長の伊藤穰一さんにお会いしたら、「学生にはＣｈａｔＧＰＴを積極的に使わせている」とおっしゃっていました。しかも、従来の課題に用いるのではなく、もっと高いハードルを設定して、「ＣｈａｔＧＰＴを使ってここまでたどり着け」と指示しているそうです。

これは大学の話なので、「どのレベルで使うか」という問題はあるにせよ、先生はＣｈａｔＧＰＴとの付き合い方をどのようにお考えですか？


柳沢　今の話には大きな認識のギャップがあります。それは、ＣｈａｔＧＰＴを英語ベースで使うか、日本語ベースで使うかという問題です。

英語ベースだと、まさに伊藤さんが言うように、非常によくできていますが、日本語のデータベースは、サンプルが少ないため十分に機能しません。

現段階で私がどう評価しているかというと、一つは「今から使わないと、完全に置いていかれますよ」ということ。もう一つは、ＣｈａｔＧＰＴの機能が今後さらに充実したときに、社会の職業構造がどうなるかということです。その二つをしっかりと吟味しなければいけないと考えています。

私自身はまだ使ったことがありませんが、ＣｈａｔＧＰＴについては、日本の教育現場でもどんどん使っていいと思っています。レポートに使っても結構。そのかわり、「全ての事実に関して自分で確認しなさい」と条件をつけるわけです。「確認が抜けている場合は、不可にします」と宣言してね。レポートを読んだ教員に「あなたの論述は事実と違いますよ」と指摘されたときに、「こういう考証があるので、その結果、私はこれを事実だと判断しました」と反論できるのであれば、使うのはまったく構わないと思います。

そしてもう一つ、ＣｈａｔＧＰＴが社会にどのような変化をもたらすかというと、「今ある職業の約半数が消滅する」というオックスフォード大学の予測が現実になると思います。そのとき、一番大きなダメージを受けるのが日本です。なぜなら、この国で長く求められてきた〝ゼネラリスト〟が不要になるからです。ゼネラリストとは、５教科７科目ができて、それらに通暁《つうぎょう》している人たちのことです。「何でもできます。しかし特技はありません」では、世の中での需要が消えていくでしょうね。

高宮　自分の武器を持たないといけないわけですね。

柳沢　教育もそこを意識して変わっていかなければなりません。東京大学も、これまでの5教科7科目ではなく、選択2教科ぐらいで点をつけるようにするとかね。

高宮　保護者も学校の先生も、意識をアップデートしていかなければいけませんね。世の中が変化するスピードはものすごく速いので、ついていくのが大変です。

日本とアメリカの教育の違い

高宮　例えば、先ほどお話しした伊藤穰一さんは「小数の計算なんかやっても意味がない」とおっしゃるんです。その意見にも一理ありますが、私は「仕組みを学ぶためには必要だと思う」と返したんですね。確かに、今の中学受験ほど計算練習をする必要があるかと聞かれたら、答えに困りますが。

柳沢　そこが、日本の教育とアメリカの教育との大きな違いです。

日本の教育は仕組みを教えるでしょう。だからまずは掛け算を教えて、掛け算をマスターしてから割り算に進みます。

ところがアメリカは、掛け算の「12×12」まで教えますが、誰も暗記しません。そして、教師も覚えさせません。「そんなの頭の無駄遣いだ」と彼らは言うのです。そうすると、次のステップである割り算ができませんね。では、どうするか。「GUESS」（推測しなさい）です。つまり、答えはこのくらいだと推測して、それと割る数を掛け算して、大きかったり、小さかったりしたら答えを微調節する。これはまさに、コンピュータがやっていることです。

髙宮　アメリカンスクールの算数の授業を見学する機会があったのですが、２桁の掛け算の解き方について、いろいろと議論しているんですね。日本だと「実際に練習してみよう」と20題くらい練習するじゃないですか。アメリカのトップオブトップの子たちはそういう教育から生まれているので、やり方を否定するつもりはありませんが、日本の教育を受けてきた身からすると、「もうちょっと練習させればいいのに」と思います。

柳沢　アメリカの教育は、できる子どもにとっては本当に天国です。しかし、真ん中ぐらいの子どもにとっては非常に困りものです。

うちの子どももアメリカで育ったのでよく分かりますが、アメリカのやり方では日本の問題が解けないのです。高校段階までに、機械的に数学を解けるレベルにまで持っていくという意味では、日本の教育は非常にシステマチックなアプローチをしていると思います。

高宮　それが〝ゼネラリスト〟を育てる日本と、〝スペシャリスト〟を育てるアメリカとの違いなのでしょうね。

海外の話でいうと、以前、開成の生徒たちがボーディングスクール[※11]に積極的に挑戦するようになったという話を伺いました。先生からご覧になって、ボーディングスクールの「ここが良いな」と思う点はどこですか？

柳沢　ボーディングスクールの強みは、リベラルアーツの必要な条件を満たしている点です。論理的な自己表現、ディスカッション力、コミュニケーション力、リサーチ力など、実践的な社会性を幅広く身につけるカリキュラムに優れています。

※11　全寮制の学校。24時間体制で学生をサポートし、学業だけでなく人格形成にも力を入れている学校が多い

リベラルアーツのメリットとして「たくさんの選択科目があること」を挙げる人がいますが、それは結果にすぎません。そもそも、なぜリベラルアーツが多くの科目群を持つのかと言えば、テーラーメイドの教育だからです。学生一人ひとりを見て、「この学生はこういう分野に興味があり、将来こういうことをやりたいと思っている」と分かると、教授がそれに対するアドバイスをします。そうして、その子だけの教育体系を作り上げていくわけです。すなわち、学生が100人いれば100種類のカリキュラムがあり、それを全て満たすような科目を用意していたら、おのずと選択科目が豊富になっていました、という理屈です。

さて、世界で最も大規模なリベラルアーツ・カレッジはどこかと言ったら、それは東京大学の教養学部です。ハーバード大学は1学年2000人以下なのに対し、東大には1学年に3000人が在籍しています。

リベラルアーツの必要性は高まっているけれど、日本でリベラルアーツが叶う大学は東大しかない。そういう意味で、知的好奇心があって、高校レベルの学問分野しか知らない子どもたちこそ、積極的にそういう場に引っ張り上げてあげたいと思っています。

「論文教室」の狙いと作文教育の課題

高宮　先生は今でも教壇に立っていらっしゃるのですか?

柳沢　高校1年生全員を対象に「論文教室」をやっています。近年、学校推薦型選抜や総合型選抜入試で小論文を課す大学が増加しているので、早いうちから論文の書き方について学ぶ場を設けたいと思い、2022年から始めました。

ここでの最初のお題は、「葛飾北斎の描いた冨嶽三十六景『神奈川沖浪裏』を目の見えない人に紹介する説明文を書いてください」というものです。しかし、いきなり一人で書くのは難しいので、3人ずつグループをつくって「もんじゅの会」で相談してもらいます。この「もんじゅ」とは、ことわざ「三人寄れば文殊の知恵」から取ったものです。まず3人で話をして、それから自分で考えて書いていきます。

そうすると、生徒たちはあらゆる壁に直面します。「この人は、一体いくつぐらいで目が見えなくなったんですか？」「色は分かるんですか？」「海は知っているんですか？」など。そういう疑問が出てくるというのは、真剣に考えた証拠です。「よく考えたね」「好きに設定していいよ」と話すと、それぞれの設定に整合性をつけるために頭が働くわけです。

ある程度、設定が固まったら、次に文章を書きます。文章の書き方は、実はジグソーパズルを解くのと同じです。３００ピース、５００ピース、中には３０００ピースもあるわけですが、たくさんのピースを前に「皆さんは、どういう順番で組み立てますか？」と尋ねます。

髙宮　まず、フレームワークを作りますね。

柳沢　まさにそうです。まず、四隅にピースを置いて、それから縦と横のラインを作っていきますね。そうすると、外側の枠ができるので、次は中を埋めていかなければなりません。そのときにどうするかというと、絵を頼りに、ピースを色別に分けていくわけです。黄色い山、青い山、赤い山……。実はこれが文章を書くコツだと伝えています。

「もんじゅの会」で出たアイデアを付箋に書いて、それをグループごとに分類する。分類したら、そのグループにどういう共通項があるかを考えて、名前をつけてみる。実はそれが、本の目次になります。もっと短い文章であれば、それが各段落の内容です。

このような内容で第1回の授業は終了し、第2回の授業では、段落の中の進め方について考えます。ここで大事なのは、コンクルージョンファースト（結論を先に示すこと）を徹底することです。1文目に段落の内容のキーワードを全て入れてもらうのですが、そこでいきなり言葉を並べても内容が伝わらないので、それを説明するための中項目をその下に書きます。それでも十分に伝わらない場合は、具体例を挙げていくことになります。そのように、情報を大中小に並べると、すっきり見えます。

髙宮　アカデミック・ライティングですね。

柳沢　そうです。それが文章の基本になります。先ほどのＣｈａｔＧＰＴも、構造は同じです。つまり、最初に骨格を作る。それがアメリカ人の発想だということです。

髙宮　日本は細かいところから入りますから、アメリカとは思考の順番が逆ですね。

柳沢　日本の学校では、子どもたちに作文をよく書かせますね。教員に「感じたままに書きなさい」と指導されますが、散文は非常に情緒的なのが特徴です。

翻って韻文。こちらは掛け言葉や季語などが入り組んで、ものすごく分析的になります。テレビ番組で見かける俳句バトルも、ものすごく分析的でしょう？　小さい頃から繰り返し書かされる作文が、分析を必要とするアカデミック・ライティングの作法にそぐわない。このギャップが、子どもたちが論文を書くうえでの障害になっているように感じます。

髙宮　弊グループのスタッフも、日本の作文教育の課題点を指摘していました。小論文のようなアカデミック・ライティングを習う機会がないので、高３の受験を目前にして焦ってしまう。先生の論文教室のように、早期から学ぶ機会があれば理想的ですね。

柳沢　この論文教室で上手に書かれた文章は、名前を隠した状態でコピーし、全員に配ります。そして「真似してみましょう」と指導するのです。

真似をすることは、決して悪いことではありません。上手なものを見て、どこが良いのかを考えたり、自分の作品と比較したりして課題点を見つけると、子どもたちはあっという間にうまくなります。

また、お手本として取り上げられた生徒は、自信をつけてさらに上達します。

「苦手」よりも「得意」に目を向けるべき

髙宮　先生が今の日本の教育に対して、「もっとこうしたらいい」と思われるのはどういったところでしょうか？

柳沢　苦手を克服することに力を入れるのではなく、好きで得意なことを伸ばしてあげるべきだと思います。

私は、キャリアについて生徒に話をする際、「好き」「嫌い」を縦軸に、「得意」「不得意」を横軸にして、簡単なマトリクス（次ページ参照）を作るように指導しています。そうすることで、自分の「好きで得意」「得意だけど嫌い」「好きだけど不得意」「嫌いで不得意」が可視化できるからです。

髙宮　メジャーリーグで大活躍するロサンゼルス・エンゼルスの大谷翔平選手も、高校生の頃からマンダラチャートを書いて、自分の取るべき行動や目指すべき方向を分析していたと聞きましたが、それに似ていますね。

柳沢　はい。どんな分野においても、誰にも負けない自分の強みを見つけるには、こうした内省的な取り組みが欠かせないと思っています。

このマトリクスに記入した項目のうち、「嫌いで不得意」なことは、この際、諦めても構いません。なぜなら、「嫌いで不得意」なことを職業に選ぶ人はいませんし、仕方なく選ぶことはあっても、長く続けられるものではないからです。とはいえ、「読み書き算盤《そろばん》」ができなければ、生きるうえで不便ですから、最低でも中学

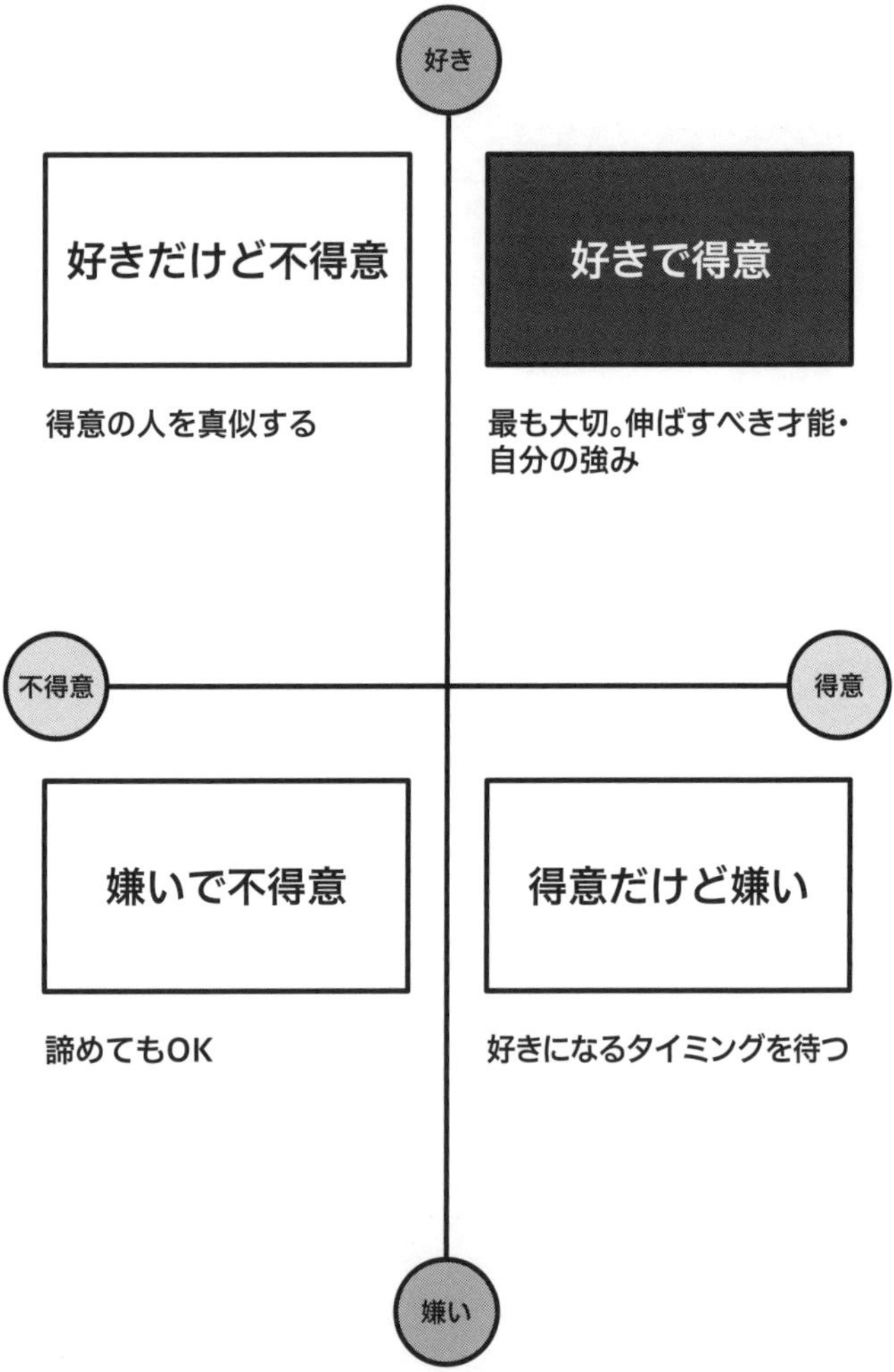
好き
好きだけど不得意
得意の人を真似する
好きで得意
最も大切。伸ばすべき才能・
自分の強み
不得意
得意
嫌いで不得意
諦めてもOK
得意だけど嫌い
好きになるタイミングを待つ
嫌い

卒業レベル、あるいは高校レベルまでは修得しておくのがよいでしょう。

次に「得意だけど嫌い」なことは、いつか好きになるタイミングが訪れるものですから、そのときまでじっと待ってみましょう。「好きだけど不得意」なことは、周りにいる得意な子を見つけて、真似してみることが突破口になります。

そして、言うまでもなく、最も大切にすべきなのは「好きで得意」なことです。やはり「好きなこと」「得意なこと」を伸ばす以外に、その子の持っている良さを引き出す方法はないのです。

高宮　「好きで得意」なことに磨きをかけ、それをもっと前面に出すことが必要ですが、日本には「出る杭は打たれる」ということわざ、悪習があります。まずは、その価値観から脱却することが大切ですね。

柳沢　最近、私立大学はもちろん、国公立大学においても学校推薦型選抜や総合型選抜を導入する大学が増えてきました。これは、生徒の「好きなこと」「得意なこと」を認めて伸ばすという観点から、非常に良い動きだと受け止めています。自分の力を伸ばしてくれそうな大学を見極め、早くからキャリアビジョンを描くことは、合格への近道であると同時に、結婚・子育てといった近い将来起こり得るライフイベントに備えた、しなやかなキャリア構築のためにも大切です。

自分の適性とマッチした環境で才能を伸ばし、この国から多くの〝スペシャリスト〟が生まれてくれることを期待しています。

第５章 まとめ

□学校における先輩・後輩の関係、つまり「タテ」のつながりを意識させることは、子どもにとって最大の教育になる。特に、少し年上の身近なロールモデルを見つけることは、子どもの成長に大きく寄与する。

□子どもにはたくさんの伸びしろがある。些細なことでも、ほめて、認めることによって、子どもの自己肯定感や潜在能力、「考える力」を劇的に伸ばすことができる。

□入試で小論文を課す大学が増加している今、アカデミック・ライティングのスキル養成は喫緊の課題。必要な情報を選択する力、それらを論理的に分析・整理する「考える力」を早期から身につけることが大切である。

□苦手を克服するよりも、「好きなこと」や「得意なこと」を伸ばすことが重要。自分の適性とマッチした環境で才能を開花させることが、これからの日本に必要とされる〝スペシャリスト〟の育成につながる。

おわりに

本書を最後までお読みいただき、ありがとうございます。

私は仕事柄、教育関連をはじめ、多様な分野の先生方とお会いし、お話を伺う機会が多くあります。対談を通じて、そうした方々の知見に触発されて、私自身のうちにある漠然とした考えがしっかりとした輪郭を持ち始めることがあります。

ですから、「考える力」をテーマに本書の執筆を依頼されたとき、真っ先に「対談」という手法が頭に浮かびました。対談によって「考える力とは何か」を問い直そうと考えたのです。

登場していただいた4人の先生方との対談からは、多くの成果が得られました。

濱田純一先生は、「考える力」とは「自分を問い直す力」にほかならないとおっしゃっています。そして、問い直す力の前提となるのは「基礎学力」であり、そのためには「知識の習得」が必要であると指摘されています。

また、「自分を問い直す力」はチャレンジすることによって鍛えられるというお話は、受験という制度・仕組みを考えるうえで、大変示唆に富んでいると思いました（第2章）。

濱中淳子先生との対談では、「考える力を養うためには、一つのことに集中する時間が大切である」と述べられていたことが印象に残っています。一つのことに集中し、学びを深めることによって「軸足」が形成されます。「軸足」とは、「何か物事を考える際の土台」であり、大学で学びを深め、「考える力」を伸ばしていくためには、入試までは教科学習に打ち込む必要があるというお話に強く共感しました（第3章）。

元外交官である藤崎一郎先生にとっての「考える力」とは、多くの選択肢のプラス／マイナスを瞬時に比較衡量し、瞬時に見極める力です。

また、「考える力」とともに「伝える力」や「聞く力」も重要であると強調されています。相手に関心を持ち、相手の言葉に耳を傾け、そのうえで自分の言葉で自分の考えを伝える。このようなコミュニケーション能力は、国際社会を生きるうえで不可欠な力であるといえます（第4章）。


中学・高校教育の最前線で活躍されている柳沢幸雄先生は、「学校には知育と社会性の育成という二つの役割がある」とされたうえで、「子どもたちには伸びしろがある。ほめて、認めることによって、自己肯定感や潜在能力を劇的に伸ばすことができる」と実感を込めておっしゃっています。

さらに、苦手を克服するよりも「好きなこと・得意なこと」を伸ばすことが重要であり、学校でもそうした環境を整える必要があるとお話されていた点が印象的でした（第5章）。

4人の先生方との対談から一つの「答え」を導き出すことが、本書の目的ではありません。ただ、先生方のご見解の中には、共通項があります。それは「問いを立てる力」や「基礎学力」の重要性だったり、「コミュニケーション能力」「チャレンジ精神」を培うことの大切さだったりします。

これらの共通項の中に、これからの時代を生きる子どもたちにとって必要な「考える力」とは何か、それをどう育むかという問いに対するヒントがあることを、読者の皆様に読み取っていただけたのではないかと思います。

本書の中核をなす対談にご協力いただいた濱田先生、濱中先生、藤崎先生、柳沢先生には、この場をお借りして、あらためて心から御礼を申し上げます。先生方のお力添えなくしては、「考える力」を問い直すという本書の試みを成し遂げることはできませんでした。

私自身にとっても、先生方との対談、および本書の執筆は、「考える力とは何か」

「教育とはどうあるべきか」という問いに対する、私なりの「答え」を探す貴重な機会となりました。

教育に対するニーズは年々、多様化しています。例えば、大学進学やその先のキャリアを見据えての準備の低学年化や海外に進学先を求めるグローバル化の動きが顕著です。

弊グループでは、中学受験、高校受験、大学受験、帰国受験の指導を通じて国内の学校・大学を目指す子どもたちをサポートする一方、海外のボーディングスクール（寮のある中等教育機関）や大学の進学も支援しています。

多面的に教育に携わることによって、より精確で有益な情報を提供し、進路選択の一助になれるように努力してまいりました。本書の執筆を終えた今、そうした弊グループの責任の重さを改めて痛感しています。私たちは、これからも子どもたちの成長を全力で応援してまいります。

全ての子どもたちの未来が、明るく輝きますように。

２０２３年10月　髙宮敏郎

高宮敏郎（たかみや・としろう）

SAPIX YOZEMI GROUP 共同代表
1974年、東京都生まれ。1997年に慶應義塾大学経済学部を卒業後、三菱信託銀行（現・三菱UFJ信託銀行）に入社。2000年、学校法人高宮学園代々木ゼミナールに入職。同年アメリカ・ペンシルベニア大学へ留学し、教育学博士（大学経営学）を取得。帰国後、財務統括責任者を務め、2009年より現職。学校法人高宮学園代々木ゼミナール副理事長、株式会社日本入試センター代表取締役副社長も兼務。「教育はサイエンスであり、アートである」をモットーに、これからの時代を担う子どもたちの教育を支える活動を行っている。本書が初の著書となる。

「考える力」を育てるためにSAPIXが大切にしていること
最難関校合格者数全国No.1進学塾の教育理念

2023年10月23日　初版発行

著　者　髙宮敏郎
発行者　野村直克
発行所　総合法令出版株式会社
〒103-0001 東京都中央区日本橋小伝馬町15-18
EDGE小伝馬町ビル9階
電話　03-5623-5121
印刷・製本　中央精版印刷株式会社

ISBN 978-4-86280-911-7
総合法令出版ホームページ　http://www.horei.com/